마음은 보이지 않는 행복의 창고

Mind, Treasure House of Happiness

KB212444

마음은 보이지 않는 행복의 창고
대행큰스님 법문
생활 속의 참선수행 ④ / 한영합본

발행일	2003년 7월 초판
	2019년 9월 4판
영문번역	한마음국제문화원
표지디자인	박수연
편집	한마음국제문화원
발행	한마음출판사
출판등록	384-2000-000010
전화	031-470-3175
팩스	031-470-3209
이메일	onemind@hanmaum.org

© 2019(재)한마음선원

Mind, Treasure House of Happiness
Practice in Daily Life ④/ Bilingual, Korean · English
Dharma Talks by Seon Master Daehaeng

First Edition: July 2003
Fourth Edition: September 2019
English Translation by
Hanmaum International Culture Institute
Edited by Hanmaum International Culture Institute
Cover Design by Su Yeon Park
Published by Hanmaum Publications
www.hanmaumbooks.org

© 2019 Hanmaum Seonwon Foundation

Printed in the Republic of Korea

ISBN 978-89-91857-58-2 (04220) / 978-89-91857-50-6 (set)

이 도서의 국립중앙도서관 출판예정도서목록(CIP)은 서지정보
유통지원시스템 홈페이지(http://seoji.nl.go.kr)와 국가자료종합
목록 구축시스템(http://kolis-net.nl.go.kr)에서 이용하실 수 있
습니다. (CIP제어번호 : CIP2019032436)

마음은 보이지 않는 행복의 창고

대행큰스님 법문

Mind, Treasure House of Happiness

Seon Master Daehaeng

hanmaum

차 례

CONTENTS

끊임없이

지혜로운 길로

인도하는

대자비의 어머니

나의 주인공,

진정한 나의 스승에게

To our true teacher,
Selfless, compassionate
The mother of all,
Endlessly guiding us
From within
and without.

머리글

대행큰스님이 지난 50여 년 동안 끊임없이 중생들에게 베풀어 주신 수많은 법문이 있었지만, 핵심을 짚어 내는 하나의 단어가 있다면, 그건 아마도 "참나"일 것입니다. 항상 나와 함께 있어서 보지 못하는 내 안의 진짜 나, 그 "참나"를 발견하여 당당하고 싱그럽게 살아가기를 바라는, 중생을 위한 스님의 간절한 바람은 이 한 편의 법문 속에도 여지없이 드러나 있습니다.

누구에게나 내면에는 만물만생을 다 먹여 살리고도 되남는 마음속 한 점의 불씨가 있습니다. 그 영원한 불씨를 찾아 광대무변한 마음법의 이치를 체득하여, 진정한 자유인으로서, 우주의 한 일원으로서 당당히 그 역할을 해나가길 바라는 대행큰스님의 간곡한 뜻이 이 법문을 통해 여러분 모두의 마음에 전해지길 바랍니다.

한마음국제문화원 일동 합장

Foreword

Over the last fifty years, Daehaeng Kun Sunim gave countless Dharma talks and teachings to beings without number, but if all those talks could be summed up into one word, it would be "true self."

This true essence has always been with us, yet remains unseen. Discover it for yourself, and in doing so, learn to live with courage, dignity, and joy. That all beings should awaken to this true essence is Daehaeng Kun Sunim's deepest wish. When you've tasted the most refreshing spring water imaginable, you naturally want to share it with others.

Within us all is this seed, this spark that feeds and sustains each and every being. Discover this eternal spark and realize its profound and unlimited ability. If you can do this, you'll know what it means to truly be a free person, and you can fulfill the great role that is yours as a member of the whole universe.

With palms together,
The Hanmaum International Culture Institute

대행큰스님에 대하여

대행큰스님께서는 여러 면에서 매우 보기 드문 선사(禪師)셨다. 무엇보다 선사라면 당연히 비구 스님을 떠올리는 전통 속에서 여성으로서 선사가 되셨으며, 비구 스님들을 제자로 두었던 유일한 비구니 스님이셨고, 노년층 여성이 주된 신도계층을 이루었던 한국 불교에 젊은 세대의 청장년층 남녀들을 대거 참여하게 만들어 한국불교에 새로운 풍격(風格)을 일으키는 데 일조한 큰 스승이셨다. 또한 전통 비구니 강원과 비구니 종단에 대한 지속적인 지원을 펼치심으로써 비구니 승단을 발전시키는 데 중추적인 역할을 하셨다.

큰스님께서는 어느 누구나 마음수행을 통해 깨달을 수 있음을 강조하시면서 삭발제자와 유발제자를 가리지 않고 법을 구하는 이들에게는 모두 똑같이 가르침을 주셨다.

About Daehaeng Kun Sunim

Daehaeng *Kun Sunim*[1](1927 - 2012) was a rare teacher in Korea: a female *Seon*(Zen)[2] master, a nun whose students also included monks, and a teacher who helped revitalize Korean Buddhism by dramatically increasing the participation of young people and men.

She broke out of traditional models of spiritual practice to teach in such a way that allowed anyone to practice and awaken, making laypeople a particular focus of her efforts. At the same time,

---

1. Sunim / Kun Sunim: Sunim is the respectful title of address for a Buddhist monk or nun in Korea, and Kun Sunim is the title given to outstanding nuns or monks.

2. Seon(禪)(Chan, Zen)**:** Seon describes the unshakeable state where one has firm faith in their inherent foundation, their Buddha-nature, and so returns everything they encounter back to this fundamental mind. It also means letting go of "I," "me," and "mine" throughout one's daily life.

스님은 1927년 서울에서 태어나 일찍이 9세경에 자성을 밝히셨고 당신이 증득(證得)하신 바를 완성하기 위해 오랫동안 산중에서 수행하셨다. 훗날, 누더기가 다 된 해진 옷을 걸치고 손에 주어지는 것만을 먹으며 지냈던 그 당시를 회상하며 스님은 의도적으로 고행을 하고자 했던 것이 아니라 당신에게 주어진 환경이 그러했노라고, 또한 근본 불성자리에 일체를 맡기고 그 맡긴 일이 어떻게 작용하는지를 관하는 일에 완전히 몰두하고 있었기에 다른 것에는 신경을 쓸 틈이 없었노라고 말씀하셨다.

그 시절의 체험이 스님의 가르치는 방식을 형성하는 데 깊은 영향을 미쳤다. 스님은 우리가 본래부터 어마어마한 잠재력을, 무궁무진한 에너지와 지혜를 가지고 있는데도 대부분이 그 역량을 알지 못해 끊임없이 많은 고통을 겪으며 살고 있음을 절실히 느끼며 안타까워하셨다. 우리들 각자 안에 존재하는 이 위대한 빛을 명백히 알고 있었기에, 스님은 본래부터 가지고 있는 근본자성(自性)인 '참나'를 믿고 의지해 살라 가르치셨고, 이 중요한 진리에서 벗어나는 그 어떤 것도 가르치기를 단호히 거부하셨다.

she was a major force for the advancement of *Bhikkunis*,[3] heavily supporting traditional nuns' colleges as well as the modern Bhikkuni Council of Korea.

Born in Seoul, Korea, she awakened when she was around eight years old and spent the years that followed learning to put her understanding into practice. For years, she wandered the mountains of Korea, wearing ragged clothes and eating only what was at hand. Later, she explained that she hadn't been pursuing some type of asceticism; rather, she was just completely absorbed in entrusting everything to her fundamental *Buddha*[4] essence and observing how that affected her life.

---

3. Bhikkunis: Female sunims who are fully ordained are called *Bhikkuni* (比丘尼) sunims, while male sunims who are fully ordained are called *Bhikku* (比丘) sunims. This can also be a polite way of indicating male or female sunims.

4. Buddha: In this text, "Buddha" is capitalized out of respect, because it represents the essence and function of the enlightened mind. "The Buddha" always refers to Sakyamuni Buddha.

의도한 바는 아니셨지만, 스님은 매일매일의 일상 속에서 누구나 내면에 갖추어 가지고 있는 근본이자 진수(眞髓)인 참나와 진정으로 통할 수 있게 되었을 때 어떠한 일이 일어나는지를 역력히 보여 주셨다. 사람들은 스님 곁에 있을 때 자신들을 무한히 받아 주고 품어 주는 것만 같은, 말로 형언키 어려운 정밀(靜謐)한 기운을 느꼈고, 스님이 다른 사람들을 도와줄 때 드러내 보이는 깊은 법력 또한 목도하곤 하였다. 하지만 이 모든 일들은 당신 자신을 돋보이게 하거나 과시하려 했던 게 아니었다. 사실 스님께서는 당신의 법력을 늘 감추려고 하셨다. 마음공부의 목적이 놀라운 능력을 갖게 되는 것이 아님에도 대중들이 그것에만 집착하게 되는 폐단을 우려하셨기 때문이었다.

그렇지만 당신이 하신 모든 일을 통해, 우리가 내면에 있는 근본과 진정으로 하나가 되었을 때 그 능력과 자유로움이 어떤 것인지를 보여주셨다. 스님은 우리 모두가 근본을 통해 연결되어 있으므로 다 통할 수 있고, 그럼으로써 서로 깊이 이해할 수 있다는 것을 보여 주셨으며, 더 나아가 우리가 근본자리에

Those years profoundly shaped Kun Sunim's later teaching style; she intimately knew the great potential, energy, and wisdom inherent within each of us, and recognized that most of the people she encountered suffered because they didn't realize this about themselves. Seeing clearly the great light in every individual, she taught people to rely upon this inherent foundation, and refused to teach anything that distracted from this most important truth.

Without any particular intention to do so, Daehaeng Kun Sunim demonstrated on a daily basis the freedom and ability that arise when we truly connect with this fundamental essence inherent within us.

The sense of acceptance and connection people felt from being around her, as well as the abilities she manifested, weren't things she was trying to show off. In fact, she usually tried to hide them because people would tend to cling to these, without realizing that chasing after them cannot lead to either freedom or awakening.

서 일으키는 한생각이 이 세상에 법이 되어 돌아갈 수 있다는 것도 보여 주셨다.

어떤 의미에서는 이 모든 일이 우리가 만물만생과 정말로 하나가 되었을 때 자연스레 부수적으로 나오는 것이라고 할 수 있다. 상대를 둘로 보거나 방해물로 여기는 마음이 사라졌을 때, 진정으로 모두와 조화롭게 흘러갈 수 있게 되었을 때 이 모든 일이 가능할 수 있게 되는 것이다. 이렇게 되면, 다가오는 상대가 누구든 별개의 존재로 느끼지 않게 된다. 그들이 또 다른 우리 자신들의 모습이기 때문이다. 일체가 둘이 아님을 뼛속 깊이 느끼는 사람이, 어찌 자신 앞에 닥친 인연을 나 몰라라 하고 등져 버릴 수 있겠는가?

스님은 중생들이 가지고 오는 어려운 문제나 상황들을 해결할 수 있도록 도와주셨으며, 이러한 스님의 자비로운 원력은 당신이 도시로 나와 본격적으로 대중들을 가르치기 이전에 이미 한국에서는 전설이 되어 있었다. 1950년대 말경, 치악산 상원사 근처 한 움막에서 수행차 몇 년간 머무르신 적이 있었는데, 그 소문을 듣고 전국에서 찾아오는 사람들이

Nonetheless, in her very life, in everything she did, she was an example of the true freedom and wisdom that arise from this very basic, fundamental essence that we all have – that we are. She showed that because we are all interconnected, we can deeply understand what's going on with others, and that the intentions we give rise to can manifest and function in the world.

All of these are in a sense side effects, things that arise naturally when we are truly one with everyone and everything around us. They happen because we are able to flow in harmony with our world, with no dualistic views or attachments to get in the way. At this point, other beings are not cut off from us; they are another aspect of ourselves. Who, feeling this to their very bones, could turn their back on others?

It was this deep compassion that made her a legend in Korea long before she formally started teaching. She was known for having the spiritual power to help people in all circumstances and with every kind of problem. She compared compassion to freeing a fish from a drying puddle, putting a

끊이질 않았다. 차마 그들의 고통스러운 호소를 내칠 수가 없었던 스님은 일일이 그들의 말에 귀 기울이며 마음을 다해 그들을 도와주셨다. 스님은 자비를 물 마른 웅덩이에서 죽어 가는 물고기를 살리는 방생에 비유하셨다. 집세가 없어 셋집에서 쫓겨난 사람들에게 집을 마련해 주고, 학비가 없어서 학교를 마칠 수 없는 학생들에게 학비를 대주셨지만, 스님의 자비행(慈悲行)을 아는 사람은 손에 꼽을 정도밖에 되지 않았다.

그러나 문제를 해결해 주면 그때뿐 또 다른 문제가 닥쳐오면 속수무책이 되어 버리고 마는 사람들을 보며, 스님께서는 중생들이 자신의 문제를 스스로 해결하고 **윤회(輪廻)**[1]의 굴레에서 벗어나 자유인이 될 수 있는 도리를 가르치는 일이 더 시급함을 느끼셨다. 누구나가 다 가지고 있는 '참나', 이 내면의 밝디밝은 진수(眞髓)를 알게 하여, 자신들이 자유

---

1. **윤회(輪廻)**: 산스크리트의 삼사라(samsara)를 번역한 말로 쉼 없이 돈다는 생사의 바퀴를 뜻함. 다시 말해, 수레바퀴가 끊임없이 구르는 것과 같이, 중생이 번뇌와 업에 의하여 삼계(三界: 색계, 욕계, 무색계) 육도(六道: 지옥, 아귀, 축생, 아수라, 인간, 천상)라는 생사의 세계를 그치지 않고 돌고 도는 현상을 일컬음.

homeless family into a home, or providing the school fees that would allow a student to finish high school. And when she did things like this, and more, few knew that she was behind it.

Her compassion was also unconditional. She would offer what help she could to individuals and organizations, whether they be Christian or Buddhist, a private organization or governmental. She would help nun's temples that had no relationship with her temple, Christian organizations that looked after children living on their own, city-run projects to help care for the elderly, and much, much more. Yet, even when she provided material support, always there was the deep, unseen aid she offered through this connection we all share.

However, she saw that ultimately, for people to live freely and go forward in the world as a blessing to all around them, they needed to know about this bright essence that is within each of us.

롭게 사는 것은 물론이요, 자신들의 삶이 인연 맺은 모든 이에게 축복이 되어 이 한세상을 활달히 살아 갈 수 있도록 해야겠다고 다짐하셨다.

마침내 산에서 내려온 스님께서는 1972년 경기 도 안양에 한마음선원을 설립하셨다. 이후 40여 년 동안 한마음선원에 주석하시며, 지혜를 원하는 자에게 지혜를, 배고프고 가난한 자에게는 먹을 것 과 물질을, 아파하는 자에게는 치유의 방편을 내어 주시는 무한량의 자비를 베푸시며 불법의 진리를 가 르쳐 주셨다. 스님은 도움이 필요한 다양한 사회복 지 프로그램을 후원하셨고, 5개국에 9개의 국외지원 과 국내 15개의 지원을 세우셨다. 또한 스님의 가르 침은 영어, 독어, 스페인어, 러시아어, 중국어, 일본 어, 불어, 이태리어, 베트남어, 체코어, 인도네시아 어 등으로 번역 출간되었다. 스님은 2012년 5월 22 일 0시, 세납 86세로 입적하셨으며, 법랍 63세셨다.

To help people discover this for themselves, she founded the first *Hanmaum*[5] Seon Center in 1972. For the next forty years she gave wisdom to those who needed wisdom, food and money to those who were poor and hungry, and compassion to those who were hurting.

---

5. Hanmaum[han-ma-um]: *Han* means one, great, and combined, while *maum* means mind, as well as heart, and together they mean everything combined and connected as one.

What is called *Hanmaum* is intangible, unseen, and transcends time and space. It has no beginning or end, and is sometimes called our fundamental mind. It also means the mind of all beings and everything in the universe connected and working together as one. In English, we usually translate this as *one mind*.

본 저서는 대행큰스님의 법문을
한국어와 영어 합본 시리즈로 출간하는
〈생활 속의 참선수행〉시리즈 제4권으로
1994년 12월 18일 정기법회 때 설하신 내용을
재편집한 것입니다.

This Dharma talk was given by
Daehaeng Kun Sunim on Sunday, December 18, 1994.
This is Volume 4 in the ongoing series,
Practice in Daily Life.

Daehaeng Kun Sunim founded nine overseas
branches of Hanmaum Seon Center, and her
teachings have been translated into twelve
different languages to date: English, German,
Russian, Chinese, French, Spanish, Indonesian,
Italian, Japanese, Vietnamese, Estonian, and
Czech, in addition to the original Korean. For more
information about these or the overseas centers,
please see the back of this book.

마음은 보이지 않는 행복의 창고

1994년 12월 18일

만법을 들이고 낼 수 있는 인간의 마음

법당이 작아서 추운데도 바깥에 서 있어야 하는 여러분을 보면 제 마음이 착잡합니다. 그런데도 불구하고 이 **마음**[2]을 발전시키기 위해서 모두 한마음으로 한자리하신 것을 보니 참 감개무량합니다. 정말 감사합니다.

여러분들도 잘 아시겠지만, 우리가 일체 만물만생을 볼 때 동물이든 사람이든, 차원이 다르고 모습은 다를지언정 모두가 특기 하나는 다 가지고 있습니다. 말은 뒷발을 주고 소는 뿔을 주고, 어떻게 그

---

2. 마음(心): 단순히 두뇌를 통한 정신활동이나 지성을 일컫는 말이 아니라, 만물만생이 지니고 있으며, 일체 만법을 움직이게 하는 천지의 근본을 뜻함. '안에 있다. 밖에 있다.' 혹은, '이거다 저거다'라고 말할 수 없으며 시작과 끝이 없고 사라질 수도 파괴될 수도 없음. 시공을 초월하여 존재함.

Mind, Treasure House of Happiness

December 18, 1994

Every Ability is Already Within You, Waiting to be Used

I feel sad when I see so many of you standing outside in the cold because the Dharma Hall is too small to accommodate everyone. At the same time, I am deeply touched that despite the uncomfortable conditions, all of you have gathered here together to practice spiritual cultivation.

As you know, all living creatures in the world, whether animal or human, have different physical shapes and spiritual levels, but each has its own special characteristics. For example, horses have sturdy hind legs, and cows have horns. It is so amazing how nature has endowed each living being with its own unique shape and ability.

렇게 자비하게 골고루 기능을 발휘할 수 있게끔 해 주었는지 자연의 법칙을 생각하면 참 신기하지 않습니까? 그렇게 느껴지지 않습니까?

인간은 인간대로 일체 만법을 객관으로 들여서 주관에서 소화하고 또 배출시키는 능력이 주어졌습니다. 그래서 일단 고등 동물인 사람으로 태어났다면 99%는 부처라고 하는 겁니다. 마음으로 소화시켜서 모두 배출할 수 있는 능력을 다 갖고 태어났기 때문이지요. 그런데 그렇게 하지 못하는 분들이 많죠? 왜냐하면 **업식(業識)**[3]으로 인해 인간도 천차만별의 차원이 있으니까요.

여러분은 컴퓨터로 로봇을 작동시키는 것을 어떻게 생각하십니까? 컴퓨터가 없으면 로봇은 작동을 못 합니다. 인간의 두뇌를 컴퓨터라고 본다면, 몸은 바로 로봇이나 마찬가지입니다. 인간의 두뇌는 전체를 다 흡수해서 배출시키는 기능을 가지고 있으며

---

3. 업식(業識): 과거 생에 지은 모든 행위와 생각이 현재 우리의 몸속에 있는 생명들의 의식에 그대로 기록되어 잠재되어 있는 것. 때가 되면 이 의식들이 하나씩 풀려나와 여러 가지 형태로 우리 앞에 펼쳐지게 됨. 이러한 의식들을 녹이는 방법은 발생하는 모든 문제를 자신의 근본자리에 지속적으로 맡기는 것이며, 업식도 원래는 공(空)한 것이니, 업식이 있다는 생각 자체에 착을 두지 않아야 함.

Likewise, we human beings have been endowed with that ability to take in through the senses everything in the universe, to process that, and then send out whatever is needed, whether it is from the material realm or the realm of *mind*.[6] It is due to this ability that once we are born as a human being, we are said to already have ninety-nine percent of what it takes to become a Buddha. It's because through mind we have the ability to digest everything and then send out whatever is needed. But there are a lot of people who can't do this, because even among human beings, there are so many different levels of spiritual development.

Have you ever thought about the computer that people use to control a robot? Without the computer, a robot can't move at all. If we compare the human brain to the computer, then the body is the robot. The function of the brain is to integrate everything that's received from the outside, to process it, and then send out the appropriate

---

6. Mind(心) (Kor. –maum)**:** In Mahayana Buddhism, "mind" refers to this fundamental mind, and almost never means the brain or intellect. It is intangible, beyond space and time, and has no beginning or end. It is the source of everything, and everyone is endowed with it.

우리의 마음은 컴퓨터인 두뇌에 명령을 내리는 근본이지요.

그런데 컴퓨터는 사람이 입력한 것만 처리해서 로봇이 움직이도록 하지만, 두뇌는 자동적인 컴퓨터이므로 어떠한 것이 들어와도 자동적으로 소화시키고 배출할 수 있습니다. 그래서 인간의 두뇌는 이 세상의 어떤 컴퓨터보다도 성능이 뛰어난 것입니다.

어떨 때 여러분은 '나는 못나서, 죄가 많아서 할 수 없어!' 이러는데, 이런 생각을 아예 무시하십시오. 왜? 이 두뇌의 기능은 천 년을 걸어가든 하루를 걸어가든 일 초를 걸어가든 똑같기 때문입니다.

시공을 초월해서 돌아가니 '길어서 못 한다, 짧아서 잘된다, 커서 들 수가 없다' 이런 건 말이 안 됩니다. 사람이 할 수 없다는 생각은 여러분의 생각일 뿐이지 할 수 있고 할 수 없고가 없다는 말입니다. 체가 없는 마음은 어디에 붙어서 돌아가지 못하고, 어디에 붙어서 돌아가고 이러는 게 아닙니다.

response. And it is mind, our foundation, that sends the orders to the brain.

However, a computer can only operate a robot according to the specific instructions it has been given. Unlike a computer, the human brain is able to process whatever it encounters and respond spontaneously to any circumstance. This brain is vastly more powerful than any computer in the world.

People often think that they can't do something because they lack the ability or because they're hindered by previous bad deeds. But they should completely ignore thoughts like these. Why? Because once you're born as a human being, it doesn't matter whether you've been a human being for a thousand lives or for one day – the inherent functioning of everyone's brain is exactly the same.

So don't get caught by ideas that something is easy or too difficult. It is you who creates thoughts such as "can" or "cannot." Fundamentally, "can" and "cannot" do not exist. This formless mind of yours isn't hindered by anything, nor is its functioning dependent upon anything else.

만약에 천지에 끝 간 데 없이 있는 에너지를 불기둥이라고 한다면, 우주 삼라만상은 불기둥을 끼고 수레가 돌듯이 돌아갑니다. 그리고 만물의 기능은 불기둥에서 비롯되어 들고 나고 하는 것입니다. 그런데 우리의 생각에 '멈춘다, 구른다' 하는 것이지 이 수레바퀴는 누가 뭐라 하든 말없이 그냥 돌아가고 있습니다. 여러분이 일체를 그냥 놓고 더불어 같이 돌아가면 좋으련만 놓지를 못할 뿐이죠. 수레는 그냥 시공을 초월해서 돌아가고 있는데 말입니다.

사람의 마음이란 체가 없는 마음이요, 마음대로 생각할 수 있는 마음이요, 마음대로 응용할 수 있는 마음이요, 가고 옴이 없이 자유로이 오갈 수 있는 마음입니다. 이렇듯 사람의 마음은 천차만별로 할 수 있는데 뭐가 그렇게 걸려서 가지도 못하고 오지도 못하는지 모르겠습니다.

마음을 자유롭게 하는 마음

마음을 마음대로 할 수 있는 것이 마음입니다. 마음대로 할 수 있는 마음인데도 불구하고 그 마음이

Throughout the entire universe there is fundamental, infinite energy upon which all things depend. The ability and potential of every single thing in the universe arises from and returns to this energy. Regardless of what else people think, or how things may appear, everything is continuously functioning like this. Every single thing continuously revolves around this fundamental energy, transcending time and space. Wouldn't it be nice if you could let go of everything and just flow with this energy?

This mind we have is formless, it can freely go anywhere, it's able to think of anything, and it can respond to whatever arises. We are all endowed with such vast, unimaginable ability, so sometimes I really can't understand why some people think they're stuck and can't move forward.

It is Mind that Frees Mind

It is mind that can free mind. It is also mind that hinders itself, saying, "This can't be done." What tells you this are the thoughts that were input in the past. It's these thoughts, which have

자기 마음을 자꾸 막습니다. '이건 정말 내가 할 수 없는 거야!'라고 말입니다. 이것이 수억겁을 거쳐 오면서 차근차근히 쌓여 있는 바로 의식이라는 거죠. 이것을 일컬어 번뇌, 망상이라고 합니다. 이런 의식들이 두뇌에 쌓이고 쌓였다가 자꾸 나오는 것이지요. 하나씩 차례차례로 말입니다. 그러니 어떻게 이것을 없애느냐 이겁니다. 훌렁 마음이 뛰어넘으면 될 텐데 뛰어넘질 못해요. 마음을 마음대로 할 수 있건만 마음을 마음대로 못 하니 무슨 연고냐 이겁니다.

옛날에 이런 일이 있었습니다. 어떤 사람이 친구 보증을 서는 바람에 재산을 다 탕진했습니다. 결국 휴지 조각이 된 어음을 쥐고서는 벌벌 떨면서 병이 들었습니다.

여러분 중에 이런 경우를 당한 분도 적지 않으리라고 봅니다. 그래서 이렇게 말해 준 적이 있죠. "그거는 그네들 거지 당신 게 아니다."라고요. "마음으로 다 버릴 수도 있고 다 가질 수도 있는데, 어차피 버려진 거라면 그냥 버렸으면 마음이나 편안하지 않겠느냐."라고요.

accumulated within you over eons, that are the source of what are sometimes called defilements and delusions. These thoughts have accumulated within you one after another and will eventually manifest one by one, according to circumstances. How, then, can you free yourself from these thoughts? If you can just leap over those thoughts, everything will be fine. You have the ability to do this, so why aren't you making the effort to use it?

Several years ago, there was a man who went bankrupt because he had guaranteed someone else's loan. One day, he received a notice from the bank demanding that he pay off the loan, and he was consumed with anger and fear. Finally, he became sick.

When he came to see me, I told him, "That money wasn't originally yours. Now you have to decide whether you're going to continue clinging to those feelings about that money, or whether you're going to let go of them. Since the money itself is already gone, wouldn't it be better to let go of those feelings as well?"

그래야 다시 일어날 수 있는 계기가 생기지, 버리지 않고는 도저히 몸을 살릴 수도 없거니와 일어설 수 있는 계기가 생기지도 않습니다. 건강을 찾을 수도 없고 재기할 수도 없어요.

어차피 없어진 돈, 아니 자기가 없애놓고서 뭘 그렇게 애통해합니까? 자기가 한 일이니 자기가 책임을 져야죠. 자기가 버린 거니까 자기가 버린 거로 그냥 놓으십시오. 이미 없어진 거를 마음으로 붙들고 늘어진다면 그 생각이 두뇌에 입력되어 몸뚱이의 모든 의식들을 침체시킵니다. 이게 알고 보면 인간 중세계에서 일어나는 아주 무서운 도리입니다. 인간이 갖고 있는 좋은 기능들을 모두 마비시키는 거죠.

그래서 생각을 잘하라고 하는 겁니다. 생각을 잘해서 다시 입력한다면 앞서 잘못 입력된 것도 없어집니다. 이 생각 한 번을 잘하면 뇌의 모든 부분들이 같이 작용하면서 그걸 다시 책정하고 조정하여 명령과 더불어 **사대(四大)**[4]로다가 통신을 합니다.

---

4. 사대(四大): 불교에서는 사람의 몸이 지·수·화·풍이라는 네 가지 물질적 요소로 성립되었다 보고 있으므로, 여기에서 사대란 곧, 인간의 신체를 일컬음.

If he could accept the fact that the money was already gone and let go of the thought that he'd lost it, he'd feel much more calm and peaceful. And he would have a chance for a fresh start. However, if he couldn't let go of the thoughts about his losses, he wouldn't be able to recover his health or his business.

I told him, "Your money is already gone. To be blunt, you're the one who made it possible for your money to disappear. It's already gone, so what is there to hang onto? If you keep clinging tightly to things that are already in the past, then that state of clinging will be continuously recorded in your brain. This will cause the consciousnesses of the lives within you to stagnate and become more negative. The result is that your body won't function properly, and your ability will deteriorate." If you understand how this works, then you'll realize that this is one of the most powerful and fearsome principles of the human realm.

Therefore, I suggest that all of you work at generating thoughts wisely. If you input a better thought, the previous accumulation of negative thoughts will be replaced with the new data.

이건 의학적으로 알라는 게 아닙니다. 우리가 살아나가려면 상식적으로 알아야 되는 거죠. 몸이 아파서 남의 손을 빌릴 때는 빌려야 하지만, 결국 남의 손이 할 수 있는 건 20%나 30%밖에는 없으니 내가 7, 80%를 해야 합니다.

제가 항상 여러분을 즐겁게 해주는 말은 안 하고 이런 얘기만 한다고 그러시겠지만, 우리한테 시급한 게 이거니까 할 수 없습니다. 우리가 이 몸뚱이를 가지고 얼마나 오래 살 수 있겠습니까?

믿음의 중심 – 나의 근본마음

우리가 믿는다고 할 때 어디에다가 중심을 두고 믿습니까? 우리의 근본은 누가 갖다주는 것도 아니고 뺏어 가는 것도 아닌데 말입니다. 궁극적으로는 누가 나를 도와줄 수 있을까요? 누가 내 아픈 가슴을 위로해 줄까요? 누가 내 가난을 알아서 해결해 줄까요? 병들어 죽어가는 나를 누가 어루만져 줄까요? 이 모든 것을 하는 것은 여러분의 근본입니다.

When you raise a thought, it passes through the cerebrum and the cerebellum, and goes to the middle of the brain. The middle part of the brain evaluates the thought and sends the response to all parts of the body.

This is not just a description of a biological process. It's something that you have to know how to use for yourself in your daily life. When you are sick, you may need a doctor's help, but there's a limit to how much they can help you. In most cases, other people can help you with only twenty or thirty percent of your problem; you have to do the rest of the work by yourself.

It may seem like my talks aren't much fun, but I have no choice, because it is so urgent that you understand this process. How long do you think your body will last?

The Focus of Our Faith

People often talk about faith, but let's be clear about where the focus of your faith should be. Your foundation is something that no one else can give you or take away. In the end, who

컴퓨터가 로봇을 움직이는 것처럼 여러분의 두뇌가 몸을 작용시키는 기능을 송두리째 가지고 있습니다. 컴퓨터와 같은 두뇌는 **오신통(五神通)**[5]의 능력이 있어서 모든 것을 소화시켜 배출시킬 수 있습니다. 그리고 두뇌가 지닌 오신통과 같은 기능들이 발현될 수 있게 하는 것이 원자, 즉 근본마음입니다.

---

5. 오신통(五神通): 불교의 육신통(六神通) 중에서 누진통(漏盡通)을 뺀 다섯 가지의 신통(능력), 즉 천안통(天眼通), 천이통(天耳通), 타심통(他心通), 숙명통(宿命通), 신족통(神足通)을 일컬음. 천안통(天眼通)은 보는 사이 없이 볼 수 있는 능력, 천이통(天耳通)은 듣는 사이 없이 들을 수 있는 능력, 타심통(他心通)은 다른 이의 마음을 아는 사이 없이 알 수 있는 능력, 숙명통(宿命通)은 과거 어디로부터 왔는지를 아는 사이 없이 아는 능력, 신족통(神足通)은 한 찰나에 가고 옴이 없이 가고 올 수 있는 능력을 말함.

is the one that can truly help you when you are in need? Who will soothe your pain? Who will rescue you from poverty? Who will take care of you when you're suffering or dying? Ultimately, only your foundation can truly take care of all of these things.

Like a computer has the programming necessary to control a robot, your brain possesses all of the ability to move your body. All of the ability is there, waiting to be used. The brain, our own computer, is fully endowed with the *five subtle powers*,[7] which the brain can use to process everything and then send out what's needed. It is our *fundamental mind*,[8] our foundation, which

---

7. Five subtle powers(五神通)**:** These are the power to know past and future lives, the power to know others' thoughts and emotions, the power to see anything, the power to hear anything, and the power to go anywhere.

8. This refers to our inherent essence, that which we fundamentally are. "Mind," in Mahayana Buddhism, almost never means the brain or intellect. Instead it refers to the essence through which we are connected to everything, everywhere. It is intangible, beyond space and time, and has no beginning or end. It is the source of everything, and everyone is endowed with it. "Fundamental mind" is interchangeable with other terms such as "Buddha-nature," "true nature," "true self," and "foundation."

그래서 부처님께서도 "누구를 믿느냐! 너 먼저 찾아라! 참나는 본래 있는 것이므로 내 안에서 발견하는 것이니라!"라고 하신 겁니다. 우리가 믿고 발견하려고 애를 쓰는 거는 가상한데 진짜로 어떻게 해야만 참나를 발견할 수 있는지 다시 한번 생각해야 할 겁니다.

사람들은 보통 '아이고! 이렇게 바쁜데 그거 찾을 사이가 어디 있어?' 또는 '이렇게 큰일이 벌어졌는데 **주인공(主人空)**[6] 이름을 부르고 있을 사이가 어디 있어?'라고 합니다. 하지만 자기 근본마음인 주인공이야말로 오신통의 능력을 두루 지닌 두뇌를 통솔하는 장본인입니다.

---

6. 주인공(主人空): 우리 모두 스스로 갖추어 가지고 있는 근본마음으로 일체 만물만생의 근본과 직결된 자리. 나를 존재하게 하고, 나를 움직이게 하며, 내 모든 것을 관장하는 참 주인이므로 주인(主人)이며, 매 순간 쉴 사이 없이 변하고 돌아가 고정된 실체가 없으므로 비어 있다고 할 수 있기 때문에 빌 공(空)자를 써서, 주인공(主人空)이라 함. 본래면목, 성품, 불성 등 여러 가지로 지칭할 수 있음.

enables the brain to use the subtle powers latent within it.

Therefore the Buddha said, "Whom do you believe in? Above all else, discover your true self, *Juingong*.[9] It is intrinsic within you, so it has to be discovered within you." It's good to see so many of you working to believe in and uncover your true self, but it seems to me that you should think more deeply about what you need to do in order to find your true self.

People often say that they are so busy they don't have time to look for Juingong, or that when some disaster occurs, they can't pause long enough to entrust their circumstances to Juingong. And yet, it is Juingong that leads the brain and allows it to make use of the five subtle powers that are inherent within us.

---

9. Juingong(主人空): Pronounced "ju-in-gong." Juin(主人) means the true doer or the master, and gong(空) means empty. Thus, Juingong is our true nature, our true essence, the master within that is always changing and manifesting, with no fixed form or shape.

Daehaeng Sunim has compared Juingong to the root of the tree. Our bodies and consciousness are like the branches and leaves, but it is the root that is the source of the tree, and it is the root that sustains the visible tree.

그러니 여러분은 명령을 내리는 그 근본에 의지해야죠. 근본을 의지하게 되면 그 근본에서는 정확하게 '어! 여기 의지하는구나.' 하고 알게 됩니다. 그러면 여러분이 맡긴 것이 근본에 입력되어 그대로 나오게 되거든요.

그런데 여러분이 자꾸 바깥으로 의지한다면 근본에 입력이 되지 않습니다. 근본에다 입력을 안 했는데 해결이 되겠습니까? 부처님께서 "아무리 네가 그리했어도 **공덕(公德)**[7]은 하나도 없느니라."라고 한 이치가 여기 있습니다.

속인들은 "왜 우리는 부처님 공부를 해도 해탈을 하기가 어려운가?" 이런 말들을 잘하십니다. 그건 여러분이 살림하면서 자꾸 밖으로만 얽매여서 사니까 그렇습니다.

---

7. 공덕(功德): 이 책에서의 의미는 다른 사람이나 대상을 나와 둘로 보지 않고 '내가 했다.'라는 생각을 하지 않으며 조건 없이 도와주는 상태, 혹은 그렇게 함으로써 나오는 결과를 뜻한다. '함이 없이 하는 것' 즉, '내가 이러이러한 일을 했다.' 라는 생각을 놓아버리고 해야 공덕이 됨. 아무런 조건 없이 하는 행(行)이라야만 만물만생에게 이익이 될 수 있음.

So we each have to rely upon our own foundation. If you entrust everything you face to your foundation, then, what you have entrusted – that is to say, what you have input – is recorded into your foundation. It's as if your foundation notices that you are starting to rely upon it, and so it responds to you. Then the results of what has been input will manifest in your life.

However, if you try to depend upon something outside yourself, no connection is made with your foundation, and so nothing is input into it. If nothing is input into your foundation, how can it take care of things? Thus the Buddha said that no matter what you do, unless you rely upon your true foundation there would be no virtue and merit in your actions.

People often ask why they aren't enlightened even though they have been following the Buddha's teachings for a long time. But it's because they are too drawn towards outside things in their daily life.

Whether you live as a monk or a lay person, you must rely upon your inner self, honestly and devotedly, and produce results through your own

절 살림이든 바깥의 살림이든 뭐가 다릅니까? 정직하고 진실하게 남의 거를 바라지 말고 내가 생산해서 쓸 수 있도록 해야겠죠. 행복을 누가 갖다 주나요? 자유스럽게 살 수 있는 거를 누가 갖다 주나요? 뺏어 갈 수도 없고 갖다 줄 수도 없는 겁니다. 대신해 줄 수도 없는 겁니다. 죽으나 사나 모든 것을 내가 해서 내가 살고, 내가 이렇게 작용하며 사는 거 아닙니까?

일체를 자기 근본에 맡기며 사는 것이 왜 중요하냐 하면, 여러분이 살아생전에 어떻게 살았느냐에 따라 그다음 생의 소임이 주어지기 때문입니다.

배우들은 극 중에서 자기의 역할을 알기 때문에 그 범위 내에서 벗어나지 않으며 맡은 역을 잘합니다. 그리고 극이 끝나고 막이 내리면 아주 다 벗어난 듯이 홀가분하게 집으로 돌아갑니다. 극 중에서 죽는 경우라도, 그것은 무대에서만 죽은 것이므로 극이 끝나고 자기네 집에 와서는 한잔하면서 좋다고 합니다. 그런 걸 보십시오.

efforts without hoping that someone else will intercede for you. Does true happiness come from someone else? Does true freedom come from someone else? No one can give you happiness and freedom, and no one can take them away either. No one else can take your place when it comes to these things. Ultimately, you are the one who takes care of yourself.

It's so important to continue entrusting everything in your life to your foundation, because how you live in this life determines what kind of role you can fulfill in your next life.

Look at how actors and actresses approach their role in a play. They try to understand their particular role and do their best to play the role they have been given. After the curtain falls, having finished what they had to do, actors put down their burdens and feel at ease. Although their character may have died on the stage, they go home in good spirits and relax. Think about this.

In the same way that actors take on roles in a play, you came into this world and took on a role according to how you lived in your previous lives. However, even though you've received the role of a

우린 지금 배우처럼 소임을 맡아 가지고 이 소임의 행을 그대로 하는 겁니다. 그리고 그 소임은 자기가 과거에 어떻게 살았느냐에 따라 주어진 거죠. 여러분이 설사 이번 생에 거지 역할을 맡게 되었더라도 모든 걸 근본에 맡기면서 최선을 다해 성실히 산다면 다음 생에는 더 나은 역할이 주어지는 겁니다.

사실 모든 것이 지금 이렇게 펼쳐져서 돌아가고 있습니다. 우리가 어디서 와서 어디로 가는지, 지금 우리가 무엇을 하고 있는데 왜 그렇게 하고 있는지, 그것이 느껴지지 않습니까?

콩 심은 데 콩 나고 팥 심은 데 팥 난다고 합니다. 여러분이 여러분의 차원에서 어떻게 살았느냐에 따라, 다시 말해 그 소임을 어떻게 잘 수행했느냐에 따라서 여러분의 모습이 다시 주어지는 겁니다.

영화에서 악하게 살던 사람이 죽어서 독사지옥 같은 곳으로 떨어지는 것을 보신 적이 있죠? 그게 영화로만 볼 게 아닙니다. 여러분들이 어떻게 살았느냐에 따라서 자동적으로 여러분의 근본자리에 입력이 돼서 정확하게 자기가 한 거대로 태어나게 되는 것입니다.

beggar in this life, if you're continuously entrusting everything in your life to your foundation, and doing your best to live sincerely, then later you will be able to receive a better role.

This is actually happening everywhere around us. If you think about this, you should have some sense of where you came from, where you are going, what you are doing, and why you are doing it.

Everybody knows that if you plant beans, you will harvest beans, and if you plant rice, you will harvest rice. The body you have in your next life and your role in it will depend upon how well you've fulfilled your current role. It will depend upon how well you've lived.

Have you seen in the movies where a person who lived a bad life falls into a hell filled with snakes and animals when they die? This doesn't happen only in the movies. Everything about how you live is automatically input into your foundation, and this causes you to be reborn at a level that matches your behavior.

For example, although someone had a human body in their previous life, if they lived at the level

그러니까 여러분의 모습이, 인간의 모습이었지만 한순간에 그냥 독사로 변해 가지고 이 세상에 다시 출현을 한단 말입니다.

그러니 천차만별로 그렇게 변하고 모습이 바뀌지는데 우리가 어떤 것을 업신여기고 어떠한 것을 귀중하다고 하겠습니까? 우리 생명만 중하고 저 하(下)의 동물들의 생명은 우습게 보겠습니까? 그것이 바로 우리들의 생명이요, 우리들의 모습인데 말입니다.

이렇듯 사람들이 현재 겪고 있는 것은 천차만별로 자기들이 과거에 행한 결과 때문이지 지옥이 어디 따로 있어서 죄를 받는 게 아닙니다. 혼백이 독사 지옥으로 들어가면 독사의 모습을 가지고 나오게 되고, 소로 들어가면 소가 돼서 나오고, 곤충으로 들어가면 곤충이 돼서 나올 뿐이죠. 그게 바로 지옥이에요!

of a snake for most of their life, they will be reborn with the body of a snake when they reappear in this world.

We've each gone through so many different lives, and lived with uncountable different shapes. So how could there be some creatures that we could look down upon? How could your life be precious, but not that of an animal? Every single life is your life, and every single shape is your shape.

Everything that people are experiencing now is the result of what they've done in the past; there's not some separate place where they're punished. If they behave like a snake, they will be reborn as a snake. If their behavior is at the level of a cow, they will be reborn at the level of a cow. If they lived at the level of an insect, then their spirit will end up taking the form of an insect. That's hell itself!

Sentient beings have been living like this for so long, without knowing the truth. However, Buddha – which is the foundation of everything in the universe[10] – exists everywhere, at all times, and

---

10. This includes all visible realms, as well as unseen realms, and the principles by which they function.

지금 많은 사람들이 이 도리를 모르고 천차만별로 돌아갑니다. 하지만 일체 법계의 근본인 부처님께서는 우주의 티끌마저도 윤회(輪廻)가 되어 진화되도록 **불바퀴**[8]를 굴리십니다.

이러한 부처님의 마음이 수없는 **보살(菩薩)**[9]들로 화하여 일체가 굴러가게 하는 겁니다. 그래서 부처와 보살이 둘이 아니라고 하는 것이죠.

예를 들어서 부처가 근본에너지라고 한다면 보살들은 이 근본에너지에서 생성되는 에너지입니다. 또 그 에너지가 또 다른 것의 근본에너지가 돼서 크게 또 이루고 이루고 이루고…. 지금 현재 우주 상태가 그러합니다.

여러분이 보시기에는 한 말 되하고 한 말 되한다고 생각하시겠지만, 이 세상만사 삼천대천세계가 과거, 현재, 미래가 한데 합쳐져서 이렇게 혼란하고 광대무변하게 천차만별로 돌아간다 이겁니다.

---

8. 불바퀴: 만물만생이 지니고 있는 영원한 생명의 근본(불성)이 서로 직결되어 있어서 시공을 초월하여 끝없이 함께 돌아가며 작용하는 것을 뜻함. 에너지를 발산하는 수레바퀴에 비유하여 불바퀴라 표현함.

9. 보살(菩薩): 위로는 불법을 닦아 깨달음의 지혜를 얻고, 아래로는 중생을 구제하며 그들이 스스로 깨닫도록 도와주는 부처의 화현.

through cause and effect and the cycle of rebirth, helps every single being in the universe to develop.

The mind of Buddha manifests as uncountable *bodhisattvas*,[11] which help everything function. This is why it's said that Buddhas and bodhisattvas are not separate.

If we describe Buddha as the fundamental energy, then bodhisattvas are the energy that is produced by this fundamental energy. That energy, which has arisen from the foundation, goes on to itself become the fundamental energy of something else; this process repeats itself again and again. This is the way our universe is functioning.

It may seem like I'm repeating myself, but everyone must absolutely know this point: Everything in the entire universe – including the past, present, and future – functions together as a complex, vast, and diverse whole.

---

11. Bodhisattva(菩薩): A bodhisattva is traditionally thought of as an awakened being who remains in this realm in order to continue helping those who are suffering. However, in the most basic sense, a bodhisattva is the manifestation of our inherent, enlightened essence that is working to save beings, and which uses the non-dual wisdom of enlightenment to help them awaken for themselves.

이렇게 천차만별로 돌아가는 중에 우리가 어떻게 해야만이 공덕이 될 수 있느냐? 즉 어떻게 해야 **한마음**[10]으로 한 손 한 몸으로 했다고 할 수 있겠느냐? 수많은 각각의 빗방울이 떨어진다 하더라도 바다에 들어가면 그냥 한 바다가 됩니다. 이렇듯 우리가 일체 만물만생의 마음을 한마음에 넣는다면 그대로 한마음이 되고 한 손이 되고 한 몸이 되지요.

그게 바로 부처예요. 일체가 한마음에 들었다가 거기에서 다시 여러 에너지로 화하여 나오면 그것들이 보살들이고요. 그 보살들이 전체 이 공간 안에 허공에 꽉 차 있는 거예요.

우리가 스위치를 올리면 전력이 들어와서 불이 들어오듯이 사람이 원을 세우면 한마음에 연결이 되어 에너지가 그냥 쭉쭉 나갑니다.

---

10. 한마음: '한'이란 광대무변함, 일체가 하나로 합쳐진 것을 뜻하며, 한마음이란 만질 수도 없고 보이지도 않으며, 시공간을 초월하여, 시작도 끝도 없는 근본마음을 말함. 또한, 만물만생의 마음이 삼천대천세계와 서로 연결되어 하나로 돌아가는 것을 의미하기도 함. 다시 말해, 한마음은 우주 전체와 그 속에서 살고 있는 일체 생명들이 근본을 통해 서로 연결되어 그 마음들이 하나로 돌아가는 모든 작용을 포함하고 있음.

Given this, how should we lead our lives? How can we become one mind, Hanmaum, such that all hands become our hands and all bodies become our body? Even though a thousand drops of rain fall on the ocean, they all become one with the ocean. In this way, if you put the minds of all things and all living beings into one mind, they all naturally become one mind, one hand, and one body.

When everything becomes one like this, this itself is Buddha. After those minds become one through this fundamental mind, they manifest as different energies, which we call bodhisattvas. These bodhisattvas fill the world around us.

When we flip a switch, the electricity flows and the light comes on. In this same way, when you entrust something to your foundation, your mind becomes one with this foundation, so whatever energy is needed flows freely.

This energy that flows out is what we call bodhisattvas. We give it different names according to how this energy manifests. For example, when somebody is sick this energy manifests as the

그렇게 나오는 에너지를 보살이라는 이름으로 똑같이 부르지만, 용도에 따라 다양하게 보살의 이름들이 바뀌지는 거죠. 그 이름이 약사보살이 되기도 하고 **관세음보살**(觀世音菩薩)[11]이 되기도 합니다.

자식에겐 아버지인 사람이 아내에겐 남편이 되고 부모에겐 아들이 되듯이 말입니다. 그래서 부처님의 자리를, 수없이 많은 이름 없는 이름을 몽땅 가졌으니 바로 **금강좌**(金剛座)[12]라고 하는 겁니다.

직접 보고 듣고 행함으로써 맛보는 도리

많은 분들이 이런 얘기를 듣기만 하고 삽니다. 오늘 혜수스님이 떡을 몇 개 가지고 올라왔길래 "너나 대신 맛 좀 봐라. 맛있나 없나." 그랬어요. 그러

---

11. 관세음보살(觀世音菩薩): 세간의 괴로움으로부터 구원을 원하는 소리를 듣고 이에 응하여 고통으로부터 중생을 대자대비한 마음으로 구제하는 보살. 산스크리트로는 아바로키테슈바라(avalokitesvara)인데, 이는 곧 자재롭게 보는 이[觀自在], 자재로운 관찰이란 뜻으로써, 이 세상의 모든 것을 자재롭게 관조하여 보살핀다는 뜻.

12. 금강좌(金剛座): 일반적으로 석가모니 부처님께서 깨달음을 얻으셨을 때 앉아 계셨던 자리를 지칭함. 이 글에서는 부처님의 마음자리, 즉 흔들리지 않는 우리의 근본마음이자, 모든 에너지의 근본을 뜻함.

Medicine Bodhisattva, and when somebody is suffering this energy manifests as the Bodhisattva of Compassion.

Although bodhisattvas have many different names, they are all manifestations of the same foundation. It's like when a man sees his wife he becomes a husband, when he sees his parents he becomes a son, and as soon as he sees his children he becomes a father.

Buddha is the source of everything, and has infinite manifestations, so sometimes it's called the *Diamond Throne*.[12]

You Can Truly Know only Through Application

So far today, you've only listened to these teachings: you still have to apply them. Earlier, when Hyesu Sunim brought me some rice cake, I told her, "Taste it, and tell me if it's any good." So

---

12. Diamond Throne: This sometimes refers to the place where Sakyamuni Buddha was sitting when he realized enlightenment, but it also refers to our unwavering, fundamental mind.

니까 "제가 맛을 본다고 해서 맛이 좋다고 할 수도 없고 맛이 없다고 할 수도 없지 않습니까? 스님께서 맛을 보셔야죠." 이러는 겁니다.

그렇듯이 여러분이 진짜 실행을 하고 자기가 진실하게 해봐야 그 떡 맛이 있는지 없는지를 감지할 수가 있단 얘깁니다.

말만 듣고 이론만 알아서 되는 게 아닙니다. 이론만 알고 '내가 이만큼 알았으면 됐지.' 하고 말을 하는 사람들을 보면, 난 그냥 묵묵히 얼굴만 쳐다보고 있죠. 어떻게 말을 할 수가 없습니다.

말없이 한 발짝 떼어 놓는 것이 우주 전체를 한 바퀴 돌고도 남습니다. 예를 들어, 우리가 집에서 애가 아프면 주인공에 **관**(觀)[13]합니다. 그렇죠? 그리고 이 병이 만약 업보성이나 인과성으로 온 것이라면 반드시 과거의 인(因)을 녹여야 되는 겁니다. 과거의 인이 없어져야 현실의 병이 없어지니까요.

---

13. 관(觀): 어의적으로 '관찰하다' '보다'라는 뜻을 가지고 있으며, 마음 공부를 하는 과정에서는 '참나'인 주인공을 믿고 맡기는 것을 뜻함. 즉, 삶에서 부딪치는 모든 문제들을 주인공만이 해결할 수 있다는 철저한 믿음으로 주인공에게 맡겨 놓고 분별없이 집착없이 지켜보는 것을 통틀어 '관'이라 함.

she replied, "How can I know whether you'll like it or not? You'd better taste it for yourself."

Like this, you have to take what you've heard about practice, and wholeheartedly apply it and try to experience it for yourself. Only then can you truly know what it tastes like.

Listening to lectures or understanding theories is not enough. When I meet someone who thinks that they understand everything, sometimes I just silently look at them because they are so full of theories that they can't hear what I would say to them.

Rather than talking about theory, one single step can take you all the way across the universe. For example, when someone in your family is sick, entrust it to Juingong and observe with firm belief. In cases where the disease is caused by karma, the cause must be dissolved in order for the disease to be cured. When the record of what was done in the past dissolves, the current suffering also dissolves.

그렇기 때문에 여러분이 진심으로 관하게 되면 순간 자기도 모르는 사이 시공을 초월해 해결을 하게 되는 거죠. 그런데 이런 도리를 모르고 그저 입으로만 주인공을 부르고 관하고 그런다면 무슨 소용이 있겠습니까?

어떤 분들은 이렇게 말을 합니다. 나는 주인공 찾았는데 안 되더라고 말이죠. 처음에는 주인공에 맡겨 놓으니 일이 잘됐는데, 가다가 보니 잘 안되더라고 말입니다. 세상에, 중학교를 졸업했으면 고등학교로 올라갈 생각을 해야지, 중학교에서 배우던 것만 생각하고 있으면 어떻게 발전이 됩니까?

차를 타고 가다가 내릴 때가 되면 내려야죠. 차에서 내린 것을 안 되는 것으로 아는데 '안 되는 것도 거기서 하는 거 아닌가? 안 되는 것도 되게끔 하느라고 안 되는 거다.'라고 한번 바꿔 생각한다면 아무 걱정이 없어요.

So if you truly entrust everything to Juingong, then, without your even being aware of it, time and space are transcended, and the suffering that confronts you begins to dissolve. But just superficially repeating "Juingong" won't help you a bit.

Someone complained that their situation wasn't improving even though they entrusted everything to Juingong, their foundation. She said that when she first started entrusting things to Juingong, they turned out well, but as time went on, it seemed like entrusting things didn't work anymore. Listen, after graduating from middle school, you have to move on to high school. How can you grow if you don't go to the next level?

When you're traveling, there are times when you have to get off the bus before you reach your destination, aren't there? Nonetheless, sometimes people think of getting off the bus as a failure. But if you look at it from a positive perspective, such as "Even getting off the bus was done by Juingong, so Juingong will make sure that things work out for the best," then because that situation was input positively, things will turn out okay; there will be nothing to worry about.

볼일 볼 거 보고선 차를 다시 타면 되니까. 이게 한 찰나의 마음이라고 그랬어요. 그런데 어떤 사람은 며칠을 고민하다가 도로 타는 사람이 있고, 몇 달을 그냥 도는 사람이 있고, 어떤 사람은 금방 내렸다 금방 타는 사람이 있거든요. '되는 것도 법, 안 되는 것도 법'이라고 했습니다. 싸움터에서 후퇴하는 거는 왜 있으며 전진하는 거는 왜 있겠습니까? 후퇴하는 것도 그 사람들을 살리기 위해서 후퇴하는 거지 죽이기 위해서 후퇴하는 게 아니지 않습니까?

우리의 인생살이가 이렇게 복잡다단한 것입니다. 우리 두뇌 속에도 이러한 우리의 인생살이처럼, 얼마나 많은 신경과 세포들이 복잡하게 가설되어 있고 얼마나 많은 것들이 담겨져 있는지 모릅니다. 그런데 이렇기 때문에 이 두뇌가 명령을 하달하고 우리의 몸을 움직이게 하는 겁니다.

그리고 그것뿐이 아닙니다. 정신세계와 상호 작용하며, 즉 무(無)의 세계에서 그 한마음으로 입력이 돼서 나가는 배출은 뭐, 말로는 헤아릴 수가 없습니다.

So when you're finished with what you have to do, just get on another bus. It only takes an instant to change your thoughts. However, some people may spend several days or even months clinging to the same thoughts before they are able to continue along the road. There is a saying, "Both success and failure are the path." Why do soldiers retreat on a battlefield? In a bad situation, isn't retreat also a strategy to save the lives of soldiers?

Our lives are so complex, aren't they? Likewise, our bodies are also very complex. Our bodies contain such an intricate web of nerves and other cells, and the brain contains so much that's beyond knowing. Using this system, the foundation sends orders through the brain to the different parts of the body and makes them move.

Even more amazing is the functioning of the spiritual realm, the invisible realm; it is truly indescribable how things change and manifest after they have been input into one mind.

However, the only way to know this for yourself is to directly touch it, taste it, and put it into practice. Take a look at this microphone. [She points to the microphone on her chest.] If you've never used one before, you won't know how to

이 도리는 여러분이 직접 보고 듣고 행해 봐야 아는 것입니다. 그래서 이런 거 (가슴의 핀 마이크를 가리키시며) 하나를 보더라도요, 우리가 해 보지 않는다면 이게 잘 들리는 건지 안 들리는 건지 모릅니다. 잘되든 잘못되든 써 보니까 알게 되죠.

그러니 실천을 해 보지 않는 사람은 마음의 발전도 없을 뿐만 아니라 생활의 발전도 없을 겁니다. 우리의 한생각이 나라를 발전시킬 수도 있는 그런 능력을 소유하고 있다는 사실을 아셔야 합니다.

스스로 행(行)해야 해결되는 이치

그런가 하면 또 이런 문제도 있죠. 어려움을 겪고 있는 사람들을 도우려고 마음을 낼 수는 있습니다. 하지만 자기들이 스스로 마음을 내서 행하지 않는다면 해결되지 않는 부분이 있기 때문에 소용이 없게 되죠. 결국 자기 스스로 이 도리를 알아야 해결되는 문제이기 때문입니다. 그래서 자식들에게 이 도리를 꼭 알도록 가르치라고 하는 겁니다.

turn it on or test it. However, as you keep trying to use it, you'll eventually understand how it works.

Likewise, unless you put your understanding of your foundation into practice, it will be hard to make progress in the cultivation of mind or in the matters of your daily life. Never forget that you also have the ability within yourself to improve even your country through the thoughts you give rise to.

The Part We Have to Do Ourselves

There's one more thing about this that you need to know: We can use the energy of our fundamental mind to help those people around us, but there are some parts that they themselves have to handle as they work at relying upon their fundamental mind. Otherwise their problems will still remain, because some basic part of it hasn't been taken care of.

Thus, in order for someone to completely solve their problems, they have to know how to entrust, observe, and experience for themselves. This is why I'm always telling you to teach your children about this practice.

설사 부처님께서 잘 안되는 것을 여러분이 원하는 대로 되게끔 해 주셨다 하더라도, 그 당시에만 좋을 뿐 근본적으로 해결이 된 게 아닙니다. 왜냐하면 그 사람네들 근본 자체가 그렇게 알지 못하기 때문입니다. 여러분이 살아가는 것을 남이 대신해 줄 수는 없습니다. 생활이 어렵다고 해서 돈을 보태 주고 난 뒤에 가만히 보면, 그 사람은 도로 그 생활을 그대로 하기 때문에 도움을 받고도 형편이 나아지질 않습니다.

그러기 때문에 부처님께서는 모든 것을 여러분 근본자리에 맡기라고 하셨습니다. 부처님이 이렇게 말씀하셨죠. "너희들이 잘하면 선과(善果)를 가질 것이고, 악을 저지른다면 악과(惡果)를 가질 것이다. 또 이 공부를 하는 사람은 악과 선을 다 버려야 하느니 악과 선을 다 버리지 않는다면, 선으로만 들어가려고 애를 쓰는 사람은 악이 범해지고, 악으로 가는 사람은 선이 범해진다. 이 때문에 선과 악이 둘이 아니다. 이 둘 아닌 도리를 알고 선과 악을 다 버렸을 때 비로소 보살의 역할을 하며 부처라는 이름을 바로 떨치느니라."

Even if the Buddha were to solve all of your problems, it would only be a temporary relief. It wouldn't help you the next time a similar problem or hardship arose. You'd still suffer because you hadn't learned how to work with your foundation to take care of these things. Nobody else can live your life for you. Even when impoverished people receive a lot of help, in many cases their lives don't improve because their perspectives and behaviors continue as before.

This is why the Buddha taught people to entrust everything to their foundation. Everything! He said, "If you do good things, you will receive good results, and if you do bad things, you will receive bad results.

However, people intent upon developing further should try to let go of all discriminations between good and bad, because the things that are considered good and bad are fundamentally not two. They both exist within you, and unless you abandon these, even though you try to do only good things, you will also commit harmful actions. Although you try to cause harm, you will also unconsciously do good deeds. When you

근본을 통해야 모든 것이 제대로 이루어지게 되는 이유는 일체 능력이 거기에 전부 다 들어 있기 때문입니다. 중세계, 하세계가 같이 돌아가고 있고, 대천세계(大千世界)와도 이렇게 같이 동일하게 돌아갑니다. 우리가 중세계에서 벗어나서 대천세계와 같이 돌아간다면 우리 인간은 이 공기주머니를 벗어나서 평화로울 겁니다. 모두가 달라질 것입니다.

앞으로 달라져야죠. 새삼스럽게 달라지는 게 아니라 자동적으로 달라지는 거죠. 한생각으로써 조그마한 일부터 실천해 보세요. 내 몸 내 가정을 공부의 재료로 삼아 실천하다 보면 나중에는 우주를 삼키고도 남음이 있어요.

그러한 마음들이 전부 펼쳐질 때, 이 허공에 빛보다 더 빨리 펼쳐지면서 돌아갈 때, 모든 사람이 은연중에 한마음이 돼서 **불국토**(佛國土)[14]가 되는 거죠.

---

14. **불국토**(佛國土): 일반적으로 부처님이 계시는 국토 혹은 부처님이 교화하는 국토를 이르는 것. 원래 극락(極樂) 등의 정토(淨土)를 가리키는 것이었으나, 후에는 예토(穢土) 즉, 우리가 사는 이 중생계 또한 부처님이 교화하는 곳이므로 불국토로 이해하게 됨. 여기서는 물질적으로나 정신적으로 걸림 없이 평화롭게 삶을 살아갈 수 있는 세상을 지칭함.

truly understand the fundamental non-duality of all things, and let go of dualistic thoughts such as good and bad, then you can become a bodhisattva and a Buddha."

Everything is done by your foundation, the ability of which is inconceivable. The realm of human beings, this middle realm, functions together with the upper realm and the lower realm. If we can transcend the habits of the middle realm, and live attuned to the upper realm, then we'll be free of the trap of Earth-type thinking and we can experience true peace. When this occurs, everything will be different.

However, in order to achieve this, we must transform ourselves. As you practice, changes will happen naturally. Start with the little things and experience what happens when you begin entrusting them to your foundation. If you take your body and your daily life as materials to practice with, then later you will reach the stage where your mind can encompass the entire universe.

When such minds begin to radiate outwardly, when they begin to radiate and function faster

질문 있습니까? 예, 질문하세요.

질문자 1(남)　제가 그동안 **무명(無明)**[15]에 젖어 큰스님 법문을 받들 때마다 과연 얼마나 알고 있는가, 또는 얼마나 공부를 했는가를 생각하며 죄송스러웠습니다. 그러면서도 한편으로는 큰스님 법문을 대할 때마다 조금씩 무명이 벗겨지는 것 같아서 정말 감사드립니다.

저는 대학에서 물리학을 가르치고 있습니다. 제가 오늘 또 놀라는 것은 큰스님께 여쭤 보려고 했던 질문에 대해 이미 큰스님께서 법문 중에 답변을 해 주셨다는 것입니다. 그러나 애들을 가르치는 사람으로서 제가 정확히 알고 있어야 가르칠 수 있겠기에 점검을 받고자 몇 말씀 여쭙겠습니다.

고정됨이 없이 찰나찰나 화(化)해서 나툰다는 것을 물리학에서 본다면, 제 생각을 말하자면 다음과 같습니다. 모든 물질들은 가장 기본적인 입자로 되

---

15. 무명(無明, avidya): 진리에 통달하지 못해 밝지 못한 마음의 상태. 무지(無知), 어리석음, 지혜가 없음을 뜻하며, 이로 인해 진리를 바로 볼 수 없게 되고, 생로병사(生老病死)에서 비롯되는 모든 고통과 번뇌의 근원이 됨.

than even the speed of light, everybody will naturally become one and this world will become a Buddha realm where everyone lives grounded in their fundamental mind, free of attachment, desires, and fears.

Does anyone have any questions?

Questioner 1 (male) Each time I listen to your teachings, I feel ashamed that I have not been practicing hard enough. On the other hand, I'm grateful because each time I listen to one of your Dharma talks, it feels like a bit more of my ignorance is peeling away.

I'm a professor of physics. Today I was surprised during your Dharma talk because you answered all of the questions that I intended to ask. But I would still like to ask you anyway in order to confirm my understanding. I talk about your teachings with my students, so I want to make sure that my understanding is correct. When I hear you say that everything is constantly changing and manifesting every instant, this reminds me of how an atomic particle changes its orbit, and the energy that comes from this.

어 있고 어떤 궤도를 돌고 있습니다. 그런데 그 입자들이 고정된 궤도를 돌 때는 에너지를 방출하지 않지만, 그 입자가 궤도를 옮기게 되면 에너지가 방출됩니다. 그것이 큰스님께서 항상 말씀하시는 광력, 전력, 통신력이라고 할 수 있겠죠.

또한 저희들이 지어 놓은 업식(業識)이라든가 무명(無明), 번뇌, 망상에 의해서 저희들의 삶이 제대로 돌아가지 않는 것을 의학적으로 본다면 피가 몸속을 돌다가 어떤 곳에서 막히게 되면 아프게 되고 고통을 받는 것과 같다고 봅니다.

제가 여쭤 보고 싶은 것은, 큰스님께서 자동 컴퓨터를 늘 얘기하시는데 사실은 저희들이 어떤 분하고 통신을 할 때는 반드시 다이얼을 돌려야 합니다. 어떤 방송을 들으려고 해도 같은 주파수를 맞춰야 들을 수 있습니다. 그런데 주인공 자리라 하면 자동으로 주파수가 조절이 되는지요? 그래서 주인공 자리에 관(觀)하면 저희들이 일부러 맞추지 않더라도 전체 자동으로 맞춰지는지요?

Also, when you say that *karmic consciousnesses*,[13] *ignorance*,[14] and delusions hinder us and decrease our ability, I think of this in medical terms, as when someone's circulation is restricted causing them illness and pain.

Kun Sunim, there is something else I've been wondering about. You often compare our fundamental mind to an automatic computer. However, in this world, when we want to communicate with someone far away, we have to dial a number. In order to listen to the radio, we have to tune

---

13. Karmic consciousnesses(業識)**:** Our thoughts, feelings, and behaviors are recorded as the consciousnesses of the lives that make up our body. These are sometimes called karmic consciousnesses, although they don't have independent awareness or volition. Sometime afterwards, these consciousnesses will come back out. Thus we may feel happy, sad, angry, etc., without an obvious reason, or they may cause other problems to occur.

The way to dissolve these consciousnesses is not to react to them when they arise, and instead to entrust them to our foundation. However, even these consciousnesses are just temporary combinations, so we shouldn't cling to the concept of them.

14. Ignorance(無明)**:** In Buddhism, "ignorance" literally means darkness. It is the unenlightened mind that does not see the truth. It is being unaware of the inherent oneness of all things, and it is the fundamental cause of birth, aging, sickness, and death.

큰스님　네, 자동이에요. 로봇을 운행한다든가 또는 방송을 듣는다든가 통신을 해야 한다고 할 때는 작동시키기까지 뭔가 그렇게 복잡해요. 그런데 여러분이 주인공에 관하게 되면, 자동 컴퓨터인 여러분의 두뇌가 자동적으로 그냥 복잡한 것을 다 착착 착착 그냥그냥 일사천리로 처리하는 거거든요. 주관적인 데서 배출시키는 모든 것과 통신하는 거 모든 일체를 말입니다.

이 물질 컴퓨터는 사람이 입력한 것에 대해서만 나오죠? 그러나 두뇌는 일체 광대무변한 많은 기능을 가지고 있습니다. 그러기 때문에 여러분이 한 생각을 내면 자동으로 버튼이 눌러지는 거죠. 눌러지는지도 모르고요.

그런데 사람들은 어떻게 하는 줄 아십니까? 버튼을 눌렀다 끄고, 버튼을 눌렀다 다시 끄고. 하하하. 아! 자꾸 이러니까 이거는 하려다 못 하고, 하려다 못 하고 이렇게 되는 겁니다. 이러니까 통신이 되지 않아 일 처리가 안 되는 거죠.

in a frequency. What about when we entrust everything to our foundation? Is the frequency automatically tuned in?

Kun Sunim Yes, it's automatic. As you know, using any machine such as radios, phones, or robots involves lots of fine tuning and adjusting. However, when you truly entrust things to your Juingong, then, one after another, the automatic computer that is your brain takes care of absolutely everything.

While a regular computer can output only what's been input, your brain possesses infinite and inconceivable abilities; it automatically processes all inner and outer signals and communications. Not only this, it also processes everything that arises from our foundation. So if you raise a thought and entrust that to your foundation, then it's like that thought pushes a button. It is done automatically and unconsciously.

However, do you realize what most people are doing? They may push the button, but then give up and release it right away. People keep giving up as soon as they touch the button. If I compare the

그래서 이게 모두 여러분이 마음먹기에 달렸다는 것입니다. 자기를 진행하는 근본자리를 못 믿으면 누굴 믿느냐는 얘깁니다. 세상에 자기 뿌리를 자기가 못 믿는다면 누구를 믿어야 되겠습니까? 허공을 믿어야 되겠습니까? 이름을 믿어야 되겠습니까? 형상을 믿어야 되겠습니까?

'일체 제불의 마음'[16]이라는 노래를 짓게 된 것도, 하도 답답해서 그렇게 얘기했던 것이 그냥 노래가 되어 버렸습니다. 부처님 형상도 내 형상과 둘이 아니요, 부처님 마음도 내 마음과 둘이 아니요, 부처님 법도 우리들의 법과 둘이 아닙니다. 이러니 그냥 우리들의 생활이 그대로 부처님의 법이요, 부처님 생활이지 어디 딴 데 있겠습니까?

---

16. 일체 제불의 마음: 대행큰스님이 읊으신 게송에 곡을 부친 선법가. 게송의 내용은 다음과 같음. "일체 제불의 마음은 내 한마음이다. 일체 제불의 법이 내 한마음의 법이며 생활이다. 일체 제불의 몸은 일체 중생의 몸이다. 일체 제불의 자비와 사랑은 일체 중생의 자비와 사랑이다. 선행하는 것도 악행 하는 것도 다 내 한마음에 있다."

act of completely entrusting something to pushing a button, most people put their finger on the button, but then don't push it all the way. Time after time, they keep doing this. Because it wasn't completely entrusted, nothing was transmitted, so how can anything be done about it?

Everything depends upon the decisions you make. So, would you ignore the foundation that leads you, and instead believe in someone else? If you won't believe in your own root, what else would you believe in? Would you trade your foundation for the empty sky or a statue?

Once, when I was frustrated at how people were living, I spoke as simply as I could. This was later used as a song: "The Buddha's body and my body are not two. The Buddha's mind and my mind are not two. The teachings of the Buddha are all contained within the functioning of my daily life."[15] Our daily life is Dharma itself. Our daily life is the Buddha's life. It doesn't exist separately from us.

---

15. This song, *The Minds of All Buddhas*, appears at the end of this Dharma talk.

아까 얘기했듯이 모든 것은 이 원자에 머물러 있는 게 아니라 밖으로 배출이 됩니다. 배출된 그 입자들은 수 바퀴를 돌아서 다시 화(化)해, 크게 또 우주를 형성시킵니다. 그 우주를 형성시키고 다시 원래로 되고, 배출이 되어 그것이 이렇게 뭉쳤다 나뉘어졌다 하는 과정을 반복하면서 나오는 에너지야말로 정말 어마어마합니다.

우주의 섭리나 인간의 두뇌의 섭리나 마음도리의 섭리나 똑같습니다. 이치가 이러하기 때문에 악을 생각했다면 악의 종자가 많이 배출되고, 선을 생각한다면 선의 종자가 무수히 배출되는 겁니다.

그러니 생각 하나가 얼마나 중요한지 모릅니다. 우리가 다른 사람들을 물질로 구제를 하는 거는 아무것도 아닙니다. 새 발의 피죠! 예를 들어, 불쌍한 사람들 구제를 한다고 한 일이지만, 한 생각이 잘못되면 그게 되레 악이 되어 펴져 가지고 웬만한 조그만 거는 그냥 다 뭉개 버려요. 그냥 못 살게 뭉갠단 말입니다.

Things in the material realm happen the same as they do in the realm of mind. Everything is constantly transforming. From a basic state, particles are generated, and then these eventually gather together and create more particles. These gather and continuously transform, and eventually form a universe. And this universe itself eventually returns back to the basic state, which eventually again forms a new universe. This process repeats itself again and again, and is so incredible. The energy it generates is beyond imagination.

The universe, the human brain, and mind all work in exactly the same way: If you think bad thoughts, harmful seeds will radiate outward far and wide, and if you think good thoughts, seeds of goodness will spread out endlessly.

This is why even a single thought can be so important. When you help others by giving material things, it's relatively insignificant. It's only a drop in the ocean. If you really want to help others, then, help them through mind. Most people would like to help others, but if they're not careful in how they raise thoughts for others, those thoughts can spread outward and harm small or weak things.

그러니까 어떠한 것을 도와야 하냐면 마음을 도와야 된다는 얘깁니다. 우리가 우리의 마음을 발전시키고 또 다른 사람들의 마음도 발전되도록 노력하지 않는다면, 우리나라뿐만 아니라 세계적으로나 우주적으로도 손실이 되는 거죠. 이건 정말 막대합니다. 선과 악이 반반이에요. 그런데 선보다는 악이 더 극성을 부립니다. 그러니까 악의 종자가 그냥그냥 천차만별로 더 빨리 퍼지는 거예요.

질문자 1 큰스님께서는 늘 주인공 큰 자리를 불기둥에 비유하셨습니다. 그런데 그 불기둥은 그런 마음들이, 전체 에너지가 모여서 되는 자리라고 봐도 되겠습니까?

큰스님 여러분이 주인공에 관하게 되면 전체 에너지가 찰나찰나 이렇게 모이죠. 찰나에 전체가 한데 합쳐졌다 또 분리가 돼서 전부 헤어지고, 헤어졌다가도 전부 합쳐지는데 이것은 보이지 않는 곳에서의 이치입니다만, 보이는 데도 나타납니다.

If we don't help other people develop their minds and deepen the level of their spiritual development, the loss to our countries, the world, and the universe will be truly unimaginable. Although good and evil exist in about equal proportions, the evil is much more intense and active. So those harmful seeds are spreading faster throughout the world, and in a thousand different ways.

Questioner 1 I've heard you compare Juingong to column of fire. Can I assume that this column of fire means the place where all energies and all minds merge together?

Kun Sunim When you entrust everything to Juingong, then all energies instantly gather together. Everything spontaneously comes together, separates and scatters, and comes together again; this takes place at the unseen level, but it also manifests into the phenomenal realm as well.

For example, the aspect of coming together is like government officials reporting an important matter to the president. The aspect of splitting apart is similar to the president making a decision

왜, 이런 게 있죠. 시장이나 장관이 업무를 볼 때 귀정적인 문제는 대통령에게로 전달이 되고, 그러면 대통령이 그것을 결정지어 하달을 합니다. 이거는 비유하는 겁니다. 그러나 이 도리는 그런 데다 댈 게 아니죠. 이거는 자동적입니다. 그냥 컴퓨터로 착착 착착 나오듯이 그냥그냥 나오는 겁니다.

요새는 컴퓨터를 탁 누르면 어느 동네, 어떤 사람의 정보를 알 수 있는데, 그런 것처럼 여러분이 이 도리를 알게 되면 여러분이 과거 어디서부터 나왔고 어디서 무엇을 했고를 알게 됩니다.

그러나 여러분이 그 도리를 모르는데, 내가 안다고 해서 "아이구! 당신은 어디로부터 어떻게 나와서 얼마 안 있으면 죽겠고, 살겠고" 이런 말을 하면 그건 도(道)가 아니죠. 왜냐하면 이 모든 것을 마음으로써, 자기 한생각으로써 바꿀 수 있으니까 이 도리를 자신이 실천을 해 봐야 된다는 얘깁니다.

and giving the officials their instructions, but this is as far as the comparison goes. Relying upon your fundamental mind, Juingong, is far more powerful and effective. Once you entrust something to Juingong, everything is taken care of spontaneously. It works like a computer, processing things automatically.

Just as pushing a button on a computer can give you all kinds of information about someone, if, through your own experiences, you truly understand how this principle of one mind works, then as easily as pushing a button, you can know how you lived in the past.

However, if someone else doesn't know how this one mind works, it's not right for you to tell them what their past life was like or what their future will bring. Telling people things like that is contrary to the path, because through mind, through just *one thought*,[16] everything can be

---

16. One Thought: This refers to the ability to raise and then input and entrust a thought to our foundation. When we can connect with our foundation like this, then through our foundation, that thought spreads to everything in the universe, including all of the lives in our body. At that instant, because all things are fundamentally not two, they all respond to that thought.

이 도리는 지금 여러분의 차원에 따라, 그릇에 따라 얼마든지 활용할 수 있는 거니까, 조그만 거라도 큰 거라도 서슴지 말고, 두려워하지 말고 패기 있게 나가시기 바랍니다. 지금 이 자리에서 하늘이 무너져서 다 죽게 된다고 하더라도 빙긋이 웃을 정도가 돼야 돼요.

그러면 한 손가락으로도 이렇게 받칠 수 있으니까요. 이런 마음이 귀중한 겁니다. 하늘이 무너지는데 어떻게 손가락 하나로 받칠 수 있느냐 하겠지만 손가락이라는 건 말하자면 그렇다는 겁니다. 진짜 하늘을 받칠 수 있는 손가락 하나, 그거는 어떤 형상이 있어서 말로 표현될 수 있는 게 아닙니다. 얼마나 마음이 대단하고 중요한지를 얘기하는 겁니다.

질문자 2(남)　부산지원에서 왔습니다. 저는 조그만 사업을 하고 있는데 사업이 여의치 못해서 공부와 병행할 수가 없었습니다. 그래서 스님의 가르침과 스님의 마음을 좀 내 주시면 싶어서 제가 스님 앞에 섰습니다. 지금 제 심정은 굉장히 답답합니다.

changed. Try to experience for yourself how a single thought entrusted to your foundation can transform the things in your life.

You can apply this principle to every part of your daily life, according to your level of spiritual development. So, no matter whether the things you face are big or small, don't be afraid of any of them. Don't be overwhelmed; stand up to them courageously and go forward. Even if the sky were to collapse and you could see no way out, you should still be able to smile at it all.

If you've reached this stage, you could hold up the sky with one finger. Such a level of mind is so wonderful and precious. You may wonder how a finger could support the sky, but the finger that can truly hold up the sky is not a material thing that can be described – it is mind.

Questioner 2 (male) I am a member of the Busan branch of Hanmaum Seon Center. I run a small business, but it's not going very well. Because of the problems with my business, I have difficulty maintaining my practice. So I'm here to ask for your guidance and your compassion.

공부한 지는 얼마 되지 않았습니다. 계속 주인공과 같이 싸우고 있지만, 주인공 힘이 약했는지 답답한 마음일 뿐입니다.

큰스님　주인공의 힘이 약한 게 아니라 당신의 마음이 약한 거죠. 왜 자기 주인공을 정말로 믿지 못합니까?

질문자 2　제가 말씀을 잘못, 제가 열심히 하기는 하는데….

큰스님　이거 보세요. 일체 만법을 스스로 굴린다면은 어떤 거는 우리들의 법이 아니고 어떤 거는 우리들의 법이겠습니까? 일체가 다 법이지. 그 공장을 누가 운영합니까? 댁에서 하죠? 당신이 운영하지만, 당신 자체는 심부름꾼이지 진짜 주인은 아니에요. 진짜 주인은 당신의 몸뚱이 속에 있는 모든 생명들을 다스릴 수 있는 근본 선장을 말합니다. 선장이 바로 그 공장을 다스리고 또 당신을 운행을 시키는 겁니다, 지금. 이해가 갑니까?

I'm frustrated now. I haven't been studying for long. Although I keep struggling to practice, my frustration continues. Sometimes I wonder if it's because the power of my Juingong is weak.

Kun Sunim Juingong isn't weak, your faith is. Why aren't you trying to rely upon your Juingong?

Questioner 2 That didn't come out quite right. I practice earnestly, but —

Kun Sunim Look! All things are being done by our foundation. So if you are truly entrusting it with everything that arises, what is there that can't be taken care of? Who is running your business? It's you, right? Actually, though, you're just running errands on behalf of the business, aren't you? The real owner is your Juingong, the captain within you who oversees all of the lives in your body. It's the captain that is running your business, and it's the captain that's guiding you. Do you understand?

Questioner 2 I'm afraid I misspoke before....

질문자 2　제가 표현을 잘못해서 그렇습니다.

큰스님　그런데요, 그렇게 운행을 시키는 그 자가 주인이지 당신의 몸뚱이가 주인이 아니에요. 더불어 같이 사는 한 개의 혹성일 뿐이지 자기 혼자만이 그냥 자기가 아니죠. 지금 댁의 몸뚱이 속에도 의식들이, 모습들이, 생명들이 얼마나 많습니까? 하다못해 지금 한 컵의 물을 마신다고 하더라도 혼자 마시는 게 아니고 더불어 같이 마시는 거예요. 공식(共食)하고 있는 겁니다.

그러니 공장도 사장, 공장장, 모든 직원이 같이 지금 동일하게, 높고 낮고가 없이 그냥 각자 맡은 일을 하고 있는 거니까 돌아가고 있는 거예요. 바로 '내가 하는 게 아니라 주인공이 하는 거지. 나는 더불어 같이 심부름을 해 주고 있구나!' 하는 거를 느껴야죠. 그래야 진실하게 알 수 있게끔 되죠.

질문자 2　제가 표현을 처음 서두에 잘못 드려서 그러는데, 단지 그저 스님의 마음 한번 내 주시라고 제가….

Kun Sunim   The one that causes you to move is the master within; your body is not the master. Your body is like a planet, where many different beings live together. "You" don't exist by yourself. Right now in your body there are so many different consciousnesses, shapes, and lives. Even when you drink a cup of water you don't drink it alone. Rather, all the lives in your body drink the water together; they all live together, sharing everything.

The same principle that applies to your body also applies to your business. A business functions because the owner, the manager, and the employees all pitch in and work together. You should know that, "It's not me that's doing all these things, it's Juingong. I'm just running errands, along with everyone else." View things like this, and you will truly understand.

Questioner 2   I don't think I expressed myself well.… I would like to ask if you could raise a thought for my business so that it will go well.

Kun Sunim   When you truly entrust everything you face to Juingong, when you're wholeheart-

큰스님   여러분에게 부딪힌 모든 것을 주인공에 맡겨 진정으로 버튼이 눌러졌다면 자동적으로 일체가 한데 합쳐집니다. 거칠 것이 없이 쫙 모여서 거기서 책정을 금방 내립니다. 그러니까 걱정할 게 없는 거죠.

사실은 진실하게만 맡겨진다면 그렇게 될 수 있는 거니까요. 크고 작고가 없습니다. 공장 주인은 댁의 주인공이니까 주인공에게 모든 것을 진실하게 믿고 맡겨 놓으세요.

질문자 3(여)   큰스님, 먼저 주인공 공부를 가르쳐 주신 큰스님께 감사의 큰절 올리려고 포항에서 올라왔습니다. 이 법을 만난 지는 이제 겨우 첫돌을 지낸 풋내기 신도입니다. 저는 남편과 결혼하여 1남 1녀를 두었고, 10년 동안 열심히 생활해 1억 2천만 원이라는 돈을 모아 4년 전에 2억 5천만 원짜리 지하 1층, 지상 3층 상가 건물을 한 채 샀습니다. 건물 전체를 7천만 원에 전세를 주고 모자라는 돈은 은행 대출을 받아 지금도 이자가 월 80만 원 정도 나가고 있습니다.

edly pressing the button, everything instantly combines together and becomes one. Without any hindrance, everything gathers together, Juingong evaluates it, makes a decision, and sends out instructions. So there's nothing to worry about.

Truly and sincerely entrust your situation, and it will be taken care of just like that. It doesn't matter whether the problem is big or small. The owner of your business is your Juingong, so sincerely believe in your Juingong and entrust everything to it.

Questioner 3 (female)   Kun Sunim, I came here from Pohang to express my deep appreciation to you for teaching me about Juingong.

I'm a beginner who encountered your teachings about a year ago. I'm married, and have a son and a daughter. After ten years of hard work, I'd saved 120 million won (about U.S. $150,000 at that time). I bought a three-story building with a basement for 250 million won. I leased out all of the apartments in the building for 70 million won more, and got a bank loan for the rest although I had to pay 800,000 won a month in interest.

그런데 저희 남편이 사업하시는 형님의 은행 보증을 섰다가 회사가 부도나서 1억 8천만 원이라는 빚이 남편 앞으로 돌아오고 건물도 세 곳에나 가압류가 설정되었습니다. 이제까지 고생하여 마련한 그 집에 들어가 살아 보지도 못하고 이런 일이 생기다니 하늘이 무너지고 땅이 꺼지는 아픔이었습니다.

그럼에도 불구하고 '주인공! 그래, 잘하려고 하다가 이렇게 된 거잖아!' 하는 생각이 들면서 그 형님이 밉다는 생각 대신에 측은한 마음이 드는 거예요. 남편과 의논 끝에 형님을 찾아가, 우리 집이 필요하시면 언제라도 집문서 내어 드릴 테니 유용하게 쓰시라고 했더니, 형님도 좋아하셨고 저희도 주인공에게 모두 맡기고 나니 마음이 그렇게 편할 수가 없었어요. '주인공! 보증 서게 한 것도 너니까, 서로 가장 적게 손해 보는 쪽으로 빨리 이 일을 처리해 봐. 주인공! 너만이 이 일을 빨리 해결할 수 있어.' 하며 관하고 맡기고 또 관하고 열심히 관하고 있습니다.

However, my husband had previously guaranteed a loan for his brother's business, which went bankrupt. As a result of this, the court placed a lien on the building for 180 million won. After all our hard work and saving, I was heartbroken and in despair when I realized that we would lose the building without having even lived there.

To my surprise, I felt no hatred towards my brother-in-law; instead I felt sympathy for him, and thought, "Well, Juingong, my brother-in-law was trying to do his best." After discussing it with my husband, we visited my brother-in-law and told him that we would sell the building if he needed us to.

My brother-in-law was so grateful when he heard this. And we also felt happy and at peace because we had entrusted everything to Juingong: "It was Juingong that caused my husband to guarantee his brother's loan. So it is Juingong that will minimize the loss. Solving this quickly also depends upon Juingong." In this way I've been continuously entrusting everything to Juingong.

이 법 몰랐으면 병이 나도 단단히 났을 테고, 어쩜 형님네와 등 돌리고 살지도 몰라요. 충격이 너무 컸거든요. 편리하고 좋은 마음 내도록 해 주는 이 공부 가르쳐 주신 큰스님께 감사드립니다. 포항지원에 계신 스님께도 거듭 감사드리며 더욱 열심히 정진하겠습니다.

큰스님 그런 마음을 먹는다면은 병도 안 나니 좋고, 하하하, 버렸으니 뭐, 편안할 거고, 한 생 살아가는 것이 길다고 하면 길지만, 내 마음을 부자로 만들어 놓았으니 저절로 복을 받을 것입니다.

질문자 3 큰스님! 감사합니다.

큰스님 또 살게 되겠죠.

질문자 4(남) 먼저 큰스님께 한마음의 인연을 맺게 해 주심을 감사드립니다. 언젠가 큰스님께서 이 세상 만물은 그 시대에 창조적으로 적응하지 못하면 사멸하거나 퇴보한다는 그런 말씀을 잠시 하신

If I hadn't known about this practice, I think my anger and frustration would have ruined my health. Moreover, it was such a traumatic situation that my husband and his brother could easily have become enemies. Kun Sunim, thank you again for teaching me how to raise a warm and compassionate mind. I would also like to thank the sunims of the Pohang branch. I will do my best to practice as diligently as I can.

Kun Sunim Making up your mind like that and releasing everything is good for you. It prevents you from becoming ill, and it lets you be at peace. Sometimes life may seem too hard to endure, but good things will naturally come to you because your mind has become broad and rich.

Questioner 3 Kun Sunim, thank you!

Kun Sunim Don't worry! Everything will be okay.

Questioner 4 (male) First of all, I would like to thank you for teaching us about one mind.

것 같습니다. 그러면 우리 한국 불교는 현재 퇴보하고 있는지요, 아니면 발전하고 있는지요? 그리고 우리 한국 불교가 발전하는 데 문제점은 무엇이라고 생각하십니까?

큰스님　하하하. 결국은 마음이지 뭡니까? 지금 한국 불교뿐만 아니라 세계적으로 종교가 어떻게 하고 가는가를 내가 그전부터 잘 지켜봤습니다. 예를 들어, 나무가 뿌리를 의지하며 살아가듯이 우리도 자기의 뿌리를 믿어야 하거든요.

그런데 모두 '주님, 하나님' 하고 바깥으로 찾고 있고 부처님 찾는 것도 바깥으로 찾고 있어요. 그 모든 것을 일체 배출시킬 수 있는 원동력을 무시하니 무슨 공덕이 있겠습니까? 무엇을 깨닫고 또 무슨 발전이 있겠어요?

물질적으로는 발전이 있지만, 한계가 있는 거죠. 정신적으로 발전이 있어야만이 한계가 없이 무한계로 발전을 시킬 수 있는 불국토를 만들 수 있습니다.

One day you mentioned that if beings can't adapt creatively to the times they live in, they would regress or even perish. In this context, is Korean Buddhism regressing or progressing? And what does the development of Korean Buddhism depend upon?

Kun Sunim [Laughs.] Ultimately, it is mind. What else would it be? I've looked carefully at Korean Buddhism as well as other religions. A tree lives relying upon its own root, and like this, each one of us also has to rely upon our own root.

However, so many people are seeking "The Lord," "God," and even "Buddha" outside of themselves. What kind of virtue and merit can result from ignoring the fundamental energy that is the source of all things? What kind of awakening, what kind of development can arise from that?

Some limited, material advancement may be possible, but nothing more. There must also be spiritual development. Only then will the hindrances to development disappear; only then will unlimited spiritual and material growth be possible.

또 세계를 혼란스럽지 않게 할 수 있는 것도 마음의 작용입니다. 우주와 더불어 이 행성이 제대로 돌아가게 하는 이 자체가 전부 마음의 작용이 들어가야 됩니다. 그러니까 모두가 이 마음이 문제인 거죠.

지금 이 세상에는 온갖 악한 일들이 벌어지고 있습니다. 사람을 죽이고 심지어는 부모를 죽이는 악한 일이 생기고 사기를 치기도 합니다. 주위 사람들은 아랑곳하지 않고 자기 생각만 하고 사는 사람도 많습니다. 그냥 벌레라고 할까 짐승이라고 할까, 그런 사람답지 않은 행동을 하게 하는 것도 이 마음입니다.

이런 일이 생기는 것도 자기를 못 보기 때문입니다. 또 사기를 당하고 돈을 떼이고 모두 그냥 망하게 되는 것도 자기를 모르기 때문입니다.

자기 그릇의 크기가 요만하냐 이만하냐를 알아야 그 그릇에 무얼 담더라도 맞게 담게 되죠. 그런데 작은 그릇에다가 듬뿍 집어넣으면 한데로 새 버리는 것과 같습니다.

It is through mind, too, that we can keep the world from falling into confusion. It is only because of the functioning of mind that the Earth, planets, and the universe are able to function properly. These are things that only mind can take care of.

All of the cruel things in the world – murder, even of one's parents, lying and swindling, not caring about one's neighbors, thinking only of one's own benefits, and in general behaving like an animal – all of these happen because people use mind in wrong ways.

People do these things because they don't truly know themselves, nor do they know their capabilities or their role in life. Likewise, people are easily cheated and often fail because they don't know the limits of their own ability.

Let's compare a person's ability to a bowl. When we know the size of our own bowl, then we can put things into it according to its capacity. If we don't know our own capacity, and put a large amount into a small container, most of what we try to put in will overflow and cause problems.

Therefore, when you do something you should first truly know yourself and your capacity, and

그래서 "자기 분수를 잘 알고 모든 걸 관하면서 해라. 그렇지 않으면 강을 건너가다가 중간에 빠져 죽게 된다." 하는 겁니다.

어떤 사람은 빚을 내서 가게를 하고 빚을 내서 공장을 하는데 그 빚이 한 달에 얼마씩 늘어 가는지 모릅니다. 먹고살려면 차라리 빚을 내지 말고 몸으로 부대껴서 뭐든지 해서 가늘게 먹고 그냥 살지, 무리하게 하다가 나중에는 집도 없애고 못살게 되는 일이 바로 그런 데서 생기는 거 아닙니까?

질문자 4 후기 산업사회에서 불교가 우리 인류에게 끼칠 영향과 역할에 대해서 한 말씀 해 주십시오.

큰스님 우리가 자기 분수를 알고 (가슴을 짚어 보이시며) 자기 근본을 믿고, 에너지가 거기서 나온다는 것을 알고 실행을 한다면, 내가 일체와 둘이 아니라는 것을 알게 됩니다. 전체가 내 일이고 내 아픔이며 내 가정 내 몸이니까요. 그러니 하나도 소홀히 할 수가 없는 거죠.

then go forward while entrusting everything to Juingong and observing. If someone tries to swim across a river without knowing their own ability, they may drown before reaching the other side.

Many people borrow a lot of money in order to start a business and then with interest and each passing month, their burden increases. It would be better to earn a simple living and spend less, than to incur a lot of debts. If you overreach yourself, you may lose your house or even fall into poverty.

Questioner 4   Would you tell us something about the influence and role of Buddhism in post-industrial society?

Kun Sunim   If you know your own capacity and believe in your root [pointing to her chest] while knowing that all energy originates from your root – if you put all of this understanding into practice in your daily life, you will realize that you are connected to the whole of existence. Everything is your business, your pain, your family, and your body. So there's nothing you can treat carelessly.

더욱이 이 **마음공부**[17] 하는 분들은 어떤 것도 소홀히 할 수가 없습니다. 왜냐하면 일체 부처님과 보살들로부터 곤충에 이르기까지 우주의 모든 것들이 마음으로 연결되어 통신이 되기 때문입니다.

그렇게 통신이 되면 모두가 한마음이 되어 설령 죽음이 닥치더라도 허공에 꽉 차 있는 빈손들이 도와주는 것이죠. 우리 전체가 불국토가 되는 겁니다. 얼마나 좋은 일인데요.

질문자 5(여)　큰스님을 찾아뵙게 된 것이 정말 영광입니다. 저는 지금 두 번째 큰스님 법문을 들었습니다. 그리고 『한마음요전』[18]을 두 번째 읽어 가고 있습니다. 읽으면 읽을수록 큰스님과 대화하듯이 뼛속까지 사무칩니다. 큰스님, 이 공부를 함으로써 모든 업장이 녹고 가정이 화목할 수 있다는 확신으로 열심히 공부하겠습니다.

---

17. **마음공부**: 진정한 자유인이 되기 위해 자신의 마음이 어떻게 작용하고 변하는지를 관찰하고 배우며, 그것을 실제 생활 속에서 응용하고 체험해 보면서 알아가는 모든 과정을 뜻함.

18. **한마음요전**(1993년): 대행큰스님의 가르침을 엮은 책.

Further, those practitioners who work at relying upon and learning about their fundamental mind have to be especially cautious not to be careless about anything, because their mind is connected to and communicates with every mind in the universe, all the way from Buddhas and bodhisattvas to insects.

If you reach the stage where you can communicate like this, your mind will become one mind with everything. When you can communicate with everything like this, then even if a life-or-death situation confronts you, everything will become one mind, and hands that aren't hands will fill the air and help you. It's just so amazing! At this point the whole world would become a Buddha realm!

Questioner 5 (female) I'm honored to meet you. This is the second Dharma talks of yours that I've attended. Also, I'm reading your book, *The Principles of Hanmaum*,[17] for the second time.

---

17. **The Principles of Hanmaum**(1993): This is a collection of Daehaeng Kun Sunim's teachings organized by topic. Parts of it have been published in English as *No River to Cross: Trusting the Enlightenment that's Always Right Here* (Wisdom Publications, 2007)

큰스님, 우리 주변에 딱하고 안타까운 사람이 너무 많습니다. 열심히 공부하면 괴로움에서 헤어날 수 있는지요?

큰스님 이 관하는 법을 사람들에게 전해 주세요.

질문자 5 제가 전하고 있습니다.

큰스님 예. 그렇게 전하시면서 관하시면 보살(질문자를 지칭)이 전하는 그 장소에는 항상 내가 있고 부처님들이 계실 겁니다.

The more I read it, the deeper it resonates within me, as if you were speaking directly to me. Kun Sunim, I will continue to practice wholeheartedly with the firm belief that through this practice, all of my karma will melt away and my family will live harmoniously.

Kun Sunim, there are many people around me who live in misery. If they knew about this practice, they too could be free from their suffering, couldn't they?

Kun Sunim   Please explain to them how to entrust and observe.

Questioner 5   I've already been explaining it to them.

Kun Sunim   If you entrust and observe while explaining this to them, then I'll also be there with you, and so will all Buddhas.

질문자 6(남) 저는 청년회에서 공부하고 있습니다. 현재 우리나라에는 몸에 신이 들린 사람들이나 신기(神氣)가 있는 사람들이 백만 명에 육박하고 있다고 합니다. 그런데 그런 과정을 보면 거의 대부분의 가정이 상당히 평화롭지 못하고 분란이 무척 많습니다.

신기가 있거나 신들린 사람들이 왜 그런가 하고 곰곰이 몇 년 동안 생각을 해 봤었는데, 물론 큰스님께서 말씀하신 여러 가지 그런 영향이 머리가 좋을수록 무척 많더군요. 그래서 우리 청년들 중에서도 명문대학을 졸업하고 나서도 암자 같은 데, 전국 곳곳의 계룡산이라든지 그런 곳을 돌아다니면서 기도하는 사람들이 무척 많습니다. 제가 직접 많이 듣고 또 현실로 많이 봤습니다. 그런데 신기가 있거나 신들린 사람들이 가정이 평화롭지 못한데, 그런 것이 다 업보 때문인지….

Questioner 6 (male) I am a member of the Seon Center's youth group. Somebody once said that in our country alone (South Korea) almost a million people are either possessed by spirits or are influenced by them. I've seen some of this myself, so I know it can happen. Further, it seems that the family of someone who is under the influence of spirits has a lot of problems and is not very harmonious.

For a long time I've been wondering why some people are influenced by spirits. I've noticed that the more intelligent a person is, the more prone he or she is to be affected by spirits. Among young people, there are many who graduated from prestigious universities, but who are now wandering around in the mountains praying and trying to obtain supernatural powers from various spirits. I've heard about many of these cases and have witnessed some of them myself.

When I see those who are possessed by spirits, or are in contact with them, it also seems that their families are also full of conflicts. Is there some kind of family karma that's causing both things? Also —

큰스님　그거, 이제 내가 말할까요?

질문자 6　가정이, 가족의 인연이 어떻게 해서 이렇게….

큰스님　글쎄, 그러니까 얘기를 해야 될 거 아니에요? 그렇게 되는 데는 세 가지 경우가 있어요. 첫째는, 부모가 모시던 영령(英靈)이나 선대에서 모시던 영령이 딴 데로 뜨질 못하고 그냥 자손들한테 연결이 되는 경우가 있고.

두 번째는, 오다가다 차 사고나 또는 물에 빠져 그 영령이 죽은 자리에서 한 치도 벗어날 수가 없어 생기는 문제가 있습니다. 우리가 생각할 때는 보이지도 않는 그림자 같은 영령이 아무 데로나 갈 수 있을 것 같지만 그렇지 못한 경우가 많습니다. 그 자리에 딴 사람을 하나 넣고야 자기가 벗어날 수 있거든요. 그래서 그게 문제가 되는 겁니다.

셋째는, 내 몸뚱이 속의 의식들, 생명, 모습들이 과거에 어떻게 살았느냐에 따라서 내 안에 전부 입력이 돼 있는데, 이러한 업식들이 "나는 아무개다.

Kun Sunim May I say something now? [Smiles.]

Questioner 6 I was just wondering how the family's karmic affinity relates their problems with —

Kun Sunim Yes, I understand. There are three types of circumstances that lead to problems with spirits. First, if one's parents or ancestors worshipped certain spirits, then those spirits may remain connected to members of that family.

Second, when someone dies in a car accident or drowns, most of the time the person's spirit can't leave the place where he or she died. You would think that a spirit could go anywhere it wanted to, but often it can't move even an inch away from the place where the person died. In those cases, the spirit can leave only after someone else's spirit replaces it. This type of situation can cause a lot of problems.

Third, all of the information about how you have lived in the past, including your thoughts, feelings, and behaviors, along with the lives and shapes you've had, are completely recorded within you. In some cases these karmic consciousnesses

나는 아무개다." 하고 그 안에서 나오는 겁니다. 그런데 그것에 속아서 그냥 영이 들린 줄 알고, 떼어낸답시고 밖으로 헤매는 거죠. 내 마음이 그러니 그 의식들이 다 미친 영계처럼 보이는 겁니다.

그러니까 생각 하나가 그렇게 중요하다고 하는 거죠. 내 몸뚱이 속에서 부글대는 의식들, 생명, 모습 중 이게 동요할 때는 이거에 영향을 받아서 움직이고, 또 저게 동요할 때는 거기에 동요를 받아서 움직이며, 막 부수라고 하는 의식이 나오면 그대로 막 부수고, 이렇게 내 몸이 그냥 꼭두각시 노릇을 하는 겁니다. 그러니까 주위에서 볼 때는 미쳤다고 할 수밖에요.

영령들로 인해 생기는 문제를 고치려면 **천도(薦度)**[19]를 해 드리면 됩니다. 그런데 단순히 과거의 조상들을 다른 데로 보낸다고 해서 천도가 되는 게 아닙니다.

---

19. 천도(薦度): 사후에 영혼이 가야 할 길을 자신의 차원대로 제대로 갈 수 있도록 인도하여 주는 것. 일반적으로 불교의식으로 행해지는 천도재는 주로 독경, 시식, 불공 등을 베풀어 망자의 길을 인도하여 줌.

manifest and claim to be certain spirits; people can be deceived by these consciousnesses into thinking that they are possessed. These consciousnesses will seem like insane spirits that are possessing them.

This is why, when something like this happens, raising even a single thought well is so important. Otherwise, your body can become a puppet. First one consciousness forces you to do something, and then another consciousness orders you to do something else, and then yet another consciousness causes you to do something different. This happens time after time, and even causes you to do things harmful to yourself or others. People who see how you're acting will think you're insane.

To solve problems caused by spirits, you can't just try to get rid of the spirits, you have to help them move forward from the level they're stuck at. To do this, you have to become one with them through the foundation.

Imagine that there are three drops of water. If you put them into a cup of water, the three drops all become one with the water. Likewise, by returning them to your foundation, you and those spirits can become one. In becoming one with the

예를 들어서 물방울이 세 방울이 있다면 한 컵에 다 집어넣으면 한 컵의 물이 되듯이, 그렇게 다 집어 넣으면서 천도를 한번 해 드리면 되는 겁니다. 세 번을 하든지, 두 번을 하든지, 한 번을 하든지 그렇게 하면서 이게 한 컵의 물이 돼야 괜찮아지죠.

옛날에 이런 적이 있었어요. 부인이 어린애 둘을 낳고 죽었는데 그 후 새 부인이 들어오기만 하면 문제가 생겼어요. 그래서 남자가 도저히 새 부인을 얻어서 살 수가 없었거든요.

그 얘기를 듣고는, 애들 엄마의 영혼을 자꾸 떼어 놓으려고만 하지 말고 지금 새로 들어오는 부인과 하나가 되게 해 주면은 얼마나 잘 살겠는가 하고 생각을 했죠. 이렇게 생각을 좀 융통성 있게 해야 합니다. 이게 아량과 지혜예요. 그래서 지혜로운 부모 밑에 있는 자손들은 고생을 덜하게 되는 거고, 지혜롭지 못한 부모 밑에 있는 자손들은 더 힘들어지는 겁니다.

죽은 엄마 입장에서 봤을 때는 애지중지하게 자식 낳아 기르면서 살다가 그저 좀 살 만하니까 어린 자식을 놔두고 죽었으니 얼마나 가슴이 아프겠습니

foundation, those spirits are freed from the fixed ideas that are keeping them from moving forward. You may have to do this once, twice, or even three times until they all become one cup of water. When this happens, everything will be okay.

However, there may be other ways to help spirits. For example, a long time ago a mother who had two young children suddenly died. Sometime afterwards her husband tried to remarry, but strange accidents kept happening to each woman he considered marrying.

After he told me his story, it occurred to me that rather than just helping the dead wife's spirit move on from this realm, it would be best if the minds of the first wife and the new wife could be combined together as one. With a bit of wisdom and flexibility, a way can be found that benefits everyone. There's a saying, isn't there, that when parents have wisdom, the children will turn out well, but if the parents lack wisdom, the children will have problems.

Let's think about the situation from the perspective of the wife who died. She was raising her children with so much love, and just as it

까? 그러니 지금 들어온 그 여자의 몸을 빌려서라도 그냥 같이 살아라 한 거죠. 이렇게 해 주니까 모두들 잘 살고 잘되고 그렇게 좋을 수가 없거든요.

예를 들어, 판사가 죄지은 사람들에게 판결을 내릴 때 여러 가지를 고려하는 것처럼, 영령들을 위해 마음을 낼 때도 많은 것을 고려해야 합니다. 불쌍한 것도 침착하게 한번 생각해 볼 점이 있고, 또 가난한 사람도 생각해 볼 점이 있고 부자도 생각해 볼 점이 있고, 사람 마음의 질이 어떤가를 살펴서 다 참작할 수가 있어야 되는 거거든요.

특히 스님네들은 진실하게 모든 것을 근본에 맡겨서 하되, 거기서 그대로 있는 게 아니라 천차만별로 화(化)하면서 '어떻게 침착하게 여러분을 이끌어 갈 수 있나, 길잡이가 될 수 있나'를 생각하며 생활해야 합니다. 이렇게 생활해야 하는 것이 스님이에요. 허허허. 물론 거기에도 스님들의 그릇이 천차만별이죠.

seemed like her family's hardships were over, she suddenly died. After helping the minds of two wives become one, you wouldn't believe how happy and harmonious their family became!

When a judge evaluates a case, he examines the circumstances surrounding the event and people, and given those circumstances he asks himself what the best solution might be.

Likewise, when sunims hear about problems with spirits, they have to ask inwardly what would be the best for everyone involved. They also need to reflect upon the nature of the person's suffering, their economic situation, their family circumstances, and the spiritual levels of everyone involved.

For sunims, sincerely entrusting everything to their foundation is the basic thing they have to do, but in addition they also need to be able to manifest and respond appropriately to the problems that people bring to them. Sunims should ask within themselves what they need to do to truly help others, and what things they should be aware of in order to properly guide people. This should be how a sunim lives. Of course, even among sunims there are so many different levels.

또 어떨 때는 천도시켜야 하는 영계들이 그냥 악하고 모자라서 자비를 베풀 마음의 여지가 없는 예도 있습니다. 이런 영계들은 살아생전에 물질만 알고 살던 영계들이기 때문에, 종이를 돈 모양으로 오려서 갖다 놓으면서 때로는 물질로써 여러 가지 많은 거로 보여 주면서 하는 이치도 있습니다.

오다가다 죽은 영계들이 그 죽은 장소에서 벗어나지 못해서 생기는 문제도 있고 친한 친구가 죽어서 오는 문제도 있습니다. 경우는 여러 가지입니다.

기본적으로, 영령이 들게 되는 원인은 바깥으로 믿고 찾기 때문입니다. 머리 굴리기를 좋아해 '요걸 요거, 아, 요거 위에는 뭐지?' 하면서 이렇게 밖으로 찾고 돌아다니게 되면, 바깥에서 '아, 이 집 주인이 없구나! 내가 들어가 살아야겠다.' 하는 거죠.

Let me give you another example of ways to help spirits. There are some cases where spirits are so vicious and deluded that they don't respond at all to compassion or love. Because these kinds of spirits were so greedy in their pursuit of material things while they were alive, people have to show them a lot of paper cut in the shape of money and large amounts of other material things in order to guide them.

Problems with spirits can also arise if someone dies suddenly. Their spirit may not be able to leave the place where they died, and so they unknowingly cause a lot of problems to occur at that spot. Also, sometimes they're drawn to a close, living friend, and accidentally cause them a lot of problems.

People have problems with spirits because they tend to believe in and search for things outside themselves. If someone is very inquisitive and focused on outside things, they may appear to be intelligent, but their tendencies make it easier for spirits to enter them. To spirits, it's as if that body is empty, as if it has no owner, so they decide to move in and live there.

임제(臨濟)스님[20]이 말씀하시길, 중심을 잡지 않고, 자기 주인공을 믿지 않고, **주장자(拄杖子)[21]**를 세우지 않으면 안 된다 했습니다. 그 이유는 그냥 바깥으로 찾고 믿는 사람들은 바깥에서 온갖 보이지 않는 곳의 영계라든가, 세균 그런 것들이 빈집이라 여기고 막 들어와서 살게 되니까 그런 거거든요. 그게 그렇게 해서 문제가 되는 거예요. 바깥으로 찾지 말라고 내가 항시 타이르죠? 그러니까 혹여 뭔가 이상한 거 모셔 놓고 떠받들던 게 있다면 지금 다 없애십시오. 자손들한테 어떤 악영향도 미치지 않게 하라고 그러는 겁니다.

안에서 의식이 일어나서 발생되는 문제는, 자기가 과거에 어떻게 살았느냐에 따라서, 즉 말하자면

---

20. 임제(臨濟)스님(?-866 AD): 중국 당나라의 선승. 임제종의 개조(開祖)로 임제 의현(義玄)으로 불림. 황벽 희운(黃檗 希運)의 법을 이어 받았음. 그 전하는 방식이 매서워 공안(公案), 방(棒), 할(喝)로 유명함. 불교의 반야와 장자의 사상에 입각하여 동양적 자유를 실천함. 제자 혜연이 엮는 『임제록』이 있으며, 중국 선종 가운데서 법손(法孫)이 가장 번창했음.

21. 주장자(拄杖子): 일반적으로 선사(禪師, 스님)들이 좌선할 때나 설법할 때 들고 다니는 지팡이를 말함. 할을 통해 흔들리지 않는 마음의 중심이 서게 되는 것을 뜻함. 마음공부 과정에서는 안팎에서 일어나는 모든 문제를 내면의 근본마음 한 곳에 맡겨 놓는, 참선수행을 통해 흔들리지 않는 마음의 중심이 서게 되는 것을 말함.

Like the patriarch *Linji*[18] said, if you don't maintain a strong centered mind and don't believe in your fundamental mind – if you don't raise your *Jujangja*[19] and instead just wander around outside – you make it easy for all kinds of spirits, and even germs to enter and live in your body. That's how these kinds of things happen. This is why I'm always telling you not to seek outside of yourself. Also, you should remove everything that your parents worshipped, so that those things don't negatively influence your children or their children.

In the case of problems caused by consciousnesses that arise from within, those are the results of what you've done in the past, either in this life or in previous lives. You can dissolve these by returning them one by one to your foundation, as they manifest.

<hr />

18. Linji(臨濟)**:** (Jap. – Rinzai, ? ~ 866 C.E.) Linji was one of the greatest Chinese Chan (Seon) masters, and it considered the founder of many of the modern branches of Seon/Zen.

19. Jujangja: Literally, a monk's staff, but often implied to mean a grasp or reliance upon our fundamental mind.

업보로 인해서 생기는 문제입니다. 그러나 차례차례로 나오는 거를 내 근본자리에 되 입력하면 그것도 없어진다 이겁니다.

결국 이 모든 것이 내 마음에 달려 있으니 이 공부가 아주 필요합니다. 그런데 영계가 들린 사람들이나 안에서 업보로 인해 일어나는 사람들을 보면, 본인이 관(觀)하게끔 영계나 업식이 놔두질 않습니다. "그렇게 하지 마라, 거기 가지도 마라." 이럽니다. 그리고 "방에서 나가지 마라." 하기도 하고 "먹지 마라."이러기도 하고 뭐, 별짓 다 합니다. 그렇게 자꾸 가로막는 거죠. 그렇게 하라는 대로 따라서 움직이게 되니 도저히 정상적으로 살기가 어렵습니다.

그래서 어떤 때는 집안에서 감당이 안 되는 상태가 되어 가족들이 도저히 살 수 없게 되기도 합니다. 그럴 때는 병원에 그 사람을 입원시키고는 가족들이 침착하게 열심히 관해 주라고 하는 겁니다.

질문자 6　지금 시간이 다 됐다고 하니까 한 가지만 짧게, 꼭 긴요하게 말씀을 드리겠습니다. 죄송

Ultimately, everything depends upon mind, upon your foundation, so this practice of learning to rely upon your foundation is absolutely indispensable.

However, people who are possessed by spirits or disturbed by karmic consciousnesses arising from within may have a hard time letting go and observing because they are continually being harassed by these things. They are constantly being ordered this way and that: "Go there! Do this! Don't do that! Don't leave the room! Don't eat!" These things cause them a lot of hardships, and it's difficult for them to live a normal life.

In cases where the family can't endure such behavior, I tell them to hospitalize the person and to calmly and diligently entrust everything to Juingong and observe.

Questioner 6   I understand that I've taken up a lot of time, but I would like to quickly ask you one more question. This question is similar to my previous one. When parents are possessed by spirits, both the parents and children suffer. It appears as if the children's suffering is caused by

합니다. 비슷한 얘기 같습니다만, 아까 제가 마지막에 질문한 것처럼, 그 사람 부모가 신이 들리면 밑에 있는 자손들이 같이 고통을 겪는데, 그러면 자손들이 부모로 인해 받는 고통도 자기가 지은 업보 때문인지요? 그 자손들이 지은 업보 때문인지요?

큰스님 그렇지. 염주가 이렇게 있으면 한 염주줄에 염주 알이 다 꿰어져 있잖아요.

자, 설명해 줄 테니 잘 들어 봐요! 깡통은 깡통끼리 모이죠? 자연적으로. 금은 금끼리 모이고, 무쇠는 무쇠끼리 모이고 넝마는 넝마끼리 모이듯이 이렇게 끼리끼리 모이죠. 인간도 정치인은 정치인들끼리 모이고 미술가는 미술가대로 모이고 말입니다.

한 식구도 그렇게 같은 차원이나 업적에 따라 모였거든요. 그렇게 모였으니까 같이 겪는 겁니다. 오해는 하지 마세요. 겉으로 보여지는 모습을 갖고 차원의 높낮이를 얘기하는 게 아닙니다.

their parents, but is it actually the result of the children's own karma?

Kun Sunim   Yes. Like the beads of a *mala*,[20] there is a thread that connects them all.

Please listen carefully. Have you ever noticed how cans are put with other cans? It happens naturally: cans are gathered together with cans; gold is displayed with gold; scrap iron is piled up with scrap iron, and rags are placed with other rags. In the case of human beings, politicians get together with politicians, and artists with other artists.

In this way, members of a family gather together because of their similar levels of awareness and their similar karma. Because of their similar karma, they experience similar things. But don't misunderstand me. What I'm saying about levels of awareness has nothing to do with people's outward shape or appearance.

However, if you have some faith in what I've taught you, if you don't allow yourself to be

---

20. **Mala:** A mala is made of beads strung together, and is similar in appearance to a Catholic rosary.

내가 말하고자 하는 걸 제대로 알고, 속지 말고, 일체는 내 근본, 한군데에서 나오는 거니까 그 한군데에다 다 맡기고, 그냥 믿고 거기서 그냥 다 해결하게끔 한다면, 해결하는데 하루도 걸리지 않아요! 그런데 그렇게 하질 못해! 그걸 몰라요!

말을 열 마디 백 마디 해 줘도 그게 납득이 되질 않나 봐요. 그러니 어떻게 합니까, 글쎄. 내가 당신 대신 똥을 눠 줄 수 있고 먹어 줄 수 있고 죽어 줄 수 있다면 내가 대신해 주겠는데, 도저히 그럴 수가 없단 말이죠.

예를 들어서 최고 법원에서 5년이든 10년이든 판결 내린 것을 제삼자가 대통령이라 한들 무죄로 만들 수 있나요? 당신 근본마음이 최고 판사예요.

질문자 6 그 밑에서 자식들이 받는 것도 자식들이 그만큼 졌기 때문에 받은 거니까, 그….

deceived by the consciousnesses that arise from within, if you entrust all of those back to the one place they came from, and if you have confidence that everything will be taken care of by that one place, then it won't take even a day to solve your family's problems. But a lot of people aren't doing this.

Even though I have spoken about this many times in various ways, they still don't get it. What can I do? Can I go to the toilet for you? If I could eat and thereby relieve your hunger, I would. If I could save you from dying by dying myself, I would do it. But it just can't be done.

For example, if the highest court in the land sentences someone to ten years in prison, even the president can't declare that person innocent and overturn the sentence. Your fundamental mind is the ultimate judge, and no one else can interfere with it.

Questioner 6 You mean that some children suffer the same things as their parents because they have created karma that is similar to their parent's karma?

큰스님 똑같이 진 거죠. 부모나 자식이나 똑같이 업보를 지고 똑같은 사람들끼리 모인 거거든요, 그게. 그러니까 누구 탓을 할 수가 없지요. 부모가 자식 탓할 수도 없고, 자식이 부모 탓할 수도 없어요!

질문자 6 예. 감사합니다.

큰스님 자신들만이 부모가 하던 대로 하지 않는다고 해서 그 업보가 없어지지 않아요.

그러나 그 가족 중에 한 사람만이라도 이 마음공부를 하면 업보가 녹을 수도 있습니다. 하지만 혼자 하는 것이기 때문에 남들 하는 거보다 배로, 자기가 더 적극적으로 그냥 들어가야 합니다. 가족들이 직면한 모든 문제까지도 합해서 그냥 다 집어넣고 들어가야겠죠. 그러든지 가족 모두가 똑같이 열심히 하면 어쩌면 그냥 무산이 돼 버릴 수가 있고요!

Kun Sunim   Yes, they have created similar karma. Parents and children tend to gather together because they have similar levels of awareness and similar karma. Thus you can't blame anyone else. Parents can't blame their children, and children can't blame their parents.

Questioner 6   Thank you, Kun Sunim.

Kun Sunim   Even though the children don't behave in the same way as their parents, the problems caused by their similar karma still remain.

However, if even one person in a family practices diligently, they can dissolve that karma. But if you are the only person in your family who practices, you have to practice twice as intensely as other people; you have to go straight in, without allowing yourself to be distracted. You have to entrust everything that you and your family face to your Juingong. And, if everyone in your family is practicing like this, then it's possible for all of your family's problems to melt away.

하여튼, 여러분! 이렇게 **도반(道伴)**[22]으로서 같이 공부하게 돼서 감사합니다. 우리가 이 넓고 복잡한 세계 속에서, 복잡한 국내 속에서, 복잡한 가정 속에서, 복잡한 이 몸속에서도 공부를 할 양으로 애를 쓰시는 것만으로도 우리는 부처가 다 됐다고 봐야 할 것입니다. 하하하. 감사합니다.

질문자 7(여)　저는 평상시에 불교나 천주교나 절대자를 믿는 마음으로써 우리들을 항상 진실한 사람이 되는 길로 인도한다고 생각했기 때문에 불교에 대해서 하나도 거부감이 없습니다. 그래서 오늘도 마치 이웃사촌 집에 온 것 같은 편안한 마음으로 법회에 참석했습니다.

서양 사람은 서양 음식을 먹고 한국 사람은 한국 음식을 먹듯이, 불교가 맞는 사람은 불교를 믿고, 저 같이 천주교가 맞는 사람은 천주교를 믿습니다. 어떤 진리를 믿든지 간에 우리가 올바른 사람이 되고, 서로 사랑을 나누기 위해서 그러는 것이라고 생각합니다.

---

22. **도반**(道伴): 함께 도(道)를 닦는 벗.

In any event, I am grateful that so many of you have gathered here together in order to learn about your true nature. In this complex world, while living with your families and the complications of daily life, and all of the hardships of the body – to see all of you making such efforts to practice makes me think that each one of you has almost become a Buddha. [Kun Sunim laughs.] Thank you.

Questioner 7 (female)   I feel that in both Buddhism and Catholicism, people's faith in an absolute being leads them to become true human beings. Therefore I feel no resistance at all towards Buddhism. I feel as comfortable here as if I was visiting my neighbor.

Like Western people often prefer to eat western-style food, and Koreans enjoy eating Korean food, someone who is drawn to Buddhism follows Buddhism, and others, like me, who are drawn to Catholicism, follow Catholicism. No matter which path we follow, I believe our purpose is to become true human beings and to share our love with each other.

저는 이런 마음으로 참석했는데 스님은 정말 불교를 믿어야지만 구원의 길을 갈 수 있고, 저희같이 천주교를 믿는 사람은 구원의 길을 갈 수 없는 거라고 생각하시는지, (대중 웃음) 저는 그게 굉장히 궁금합니다.

큰스님 잘 물어보셨습니다. 제가 외국에 갔을 때 티베트불교, 알라신교, 뭐, 가톨릭교, 기독교를 믿는 세계의 여러 종교인들과 만나 토론을 해 볼 기회가 여러 번 있었어요.

우선 불교(佛敎)라는 단어가 그냥 주어진 게 아니에요. 일체, 하다못해 풀 한 포기의 생명까지도 전체 생명은 불(佛)이에요, 불! 그리고 말로 통하고, 뜻으로 통하고, 마음으로 통하고, 그 외 여러 가지를 통해서 서로 만나 우리가 보고 듣고 배우고 하는 것이 교(敎)예요. 그러기 때문에 불교라는 단어는 방편 아닌 방편으로서의 이름이지만 그대로 진리예요. 우주 전체가 돌아가는 진리를 말하는 겁니다. 그러니까 불교란 어느 한 군데 국한돼 있는 게 아니에요. 이와 같이 어느 종교든지 비록 겉모습은 다르지만 그 가

My question is this: Can a person be saved only by believing in Buddhism, or can someone like me, who believes in Catholicism, also be saved? [Audience laughs.] I'm really curious about this.

Kun Sunim That's a good question. When I traveled abroad, I attended many gatherings and discussions with people from all faiths – Muslims, Catholics, Protestants, and Tibetan Buddhists, among others. It seems to me they are all talking about the same thing.

For example, look at the Korean word for Buddhism, Bulgyo. The first syllable, *Bul* refers to the fundamental source of every single life, including even a blade of grass, while the second syllable, *gyo* refers to learning from each other; we communicate with each other through speech, intention, and mind, and through this communication we are able to listen to each other and to learn from each other – this is the meaning of gyo. So the word "Buddhism" is also an explanation of the truth itself. It's a description of how the entire universe functions. Thus, it actually applies to everyone and everyplace. No

르침의 요지는, 모든 것의 근본은 (가슴을 짚어 보이시며) 주처(主處)에 있는 거지 바깥에 있는 것이 아니라는 겁니다.

제가 외국에서 기독교나 가톨릭교를 믿는 사람들과 토론을 해 봤는데 그게 하나도 틀리지 않더군요. 불교나 기독교나 가톨릭교나 다름없이 **선지식(善知識)**[23]은 전부 "타의의 사람을 믿으면 마구니 소굴에 드느니라. 너 자신부터 알라. 주처는 바로 너한테 있느니라. 네 몸뚱이 속에서 모든 생명들을 다스리고 나가는 선장이 있는데, 바로 그 자체가 주인이니라. 하나로 돌아가는 이치가 바로 네 주인과 직결이 돼 있으니깐 그 주인부터 알아야 전 우주의 섭리를 알 수 있느니라."라고 가르치거든요.

그런데 기독교든 불교든 종교를 믿는 많은 사람들이 '아이고! 잘 되게 해 주십시오. 주님! 하나님! 부처님!' 하고 밖으로 찾으니까 문제인 것입니다.

---

23. 선지식(善知識): 불법의 진리를 가르쳐 주며, 사람들을 바른 길로 이끌어주는 훌륭한 지도자 혹은 현자(賢者)를 뜻함.

matter the religion, its essential teachings are that the foundation of everything exists inside [pointing to her chest], not outside.

When I went overseas and talked with Catholics and Protestants, they were saying the exact same things that I'm telling you. Regardless of religion, all sages have taught this same thing: "If you place your faith in other people or things outside yourself, you'll fall into a pit of demons. Know yourself first. The foundation is within you. Your body is a ship, and the captain is taking care of all of the lives within it. That captain is your true self.

"More important than anything else is knowing this true source, this true doer, because everything in the universe is connected to it. Everything in the universe functions together as one, and is directly connected to your foundation, so if you know only this true source, you will be able to understand the working of the entire universe."

However, many people, whether Christian or Buddhist, are seeking outside of themselves, saying "Oh, Lord! Oh, Buddha! Please give me.… Please do.…" I'm not criticizing a particular religion, I'm

그래서 모든 것의 근본인 너부터 알라고 가르치는 거예요. 어떤 종교를 믿든지 간에 여러분 자신부터 아셔야 합니다.

못났든 잘났든 내가 이 세상에 형성됐으니까 상대가 있고 종교도 있고 세상도 있는 겁니다. 내가 없다면 아무것도 없습니다. 그러니까 "자기 자신부터 알아라." 이런 거죠. 이게 어리석은지 아닌지는 각자 판단하시길 바랍니다.

내 몸속에 생명들이 얼마나 많습니까? 헤아릴 수 없이 많은 생명들의 의식과 모습이 있어요, 천차만별로 말입니다. 그리고 아까도 내가 얘기했듯이 그거를 다스리는 주인이 있습니다. 내 몸속에 있는 자생 중생들로 하여금 물질세계, 정신세계와 더불어 중도행을 하게 하는, 들이고 내는 그런 선장이 있다 이겁니다. 그것을 주님이라고도 하고 부처님이라고도 부르죠.

그런데 많은 사람들이 그걸 바깥에서 찾으니까 제가 자꾸 말씀을 드리는 겁니다. 다 자기 마음 가운데 있는 것인데, 만날 바깥으로 찾으니까 말이에요.

simply saying that you need to know your own true foundation. Regardless of your religion, you have to know your own self.

No matter whether you feel worthless or confident, the fact is that because you were born into this world with a physical form, you come into contact with other people and other religions. Without you, none of that would exist. You wouldn't be aware of any of this if you didn't exist. So know yourself first! I hope you will think about this carefully.

There are so many beings living within your body, with so many different consciousnesses and shapes. Nonetheless, there is the master within, who takes care of all of these. This master, the captain, is the one who can balance both the material and spiritual aspects of the lives within your body, and it is this captain that takes in and sends out every kind of thing. This captain can also be called "Lord" or "Buddha."

The problem is that people are searching for the Lord and for Buddha outside of themselves, although both are already within each of us. That's why I keep talking about this.

나는 이 종교 저 종교를 다르게 생각하지 않습니다. 여러분이 다르게 생각하고 들으면 내가 할 말이 없습니다. 자기 마음속에 주님이 있습니다. 예수께서도 "나를 믿고 나를 따르라." 이랬습니다. 예수님의 몸뚱이, 그 고깃덩어리를 따르고 믿으라는 게 아니라, "각자 너를, 진짜로 네 주인을 믿어라." 이런 뜻이었는데, 내려오는 과정에 뭔가 잘못된 게 있었겠죠.

또 안에서 찾으라는 부처님의 가르침을 팔만대장경으로까지도 해 놓았는데 많은 사람들이 그 뜻을 제대로 받아들이지 못하고는 바깥으로 찾고 기복으로 믿고 있는 겁니다. 불교도 다를 바 없습니다. 다른 종교도 다를 바가 없습니다.

우리나라 불교 역사를 되돌아보면 조선 시대에 유교를 숭상하고 불교를 해산시키며 스님네들을 그냥 놔두지를 않았습니다. 이 때문에 스님들이 산속으로 들어갔는데, 그때 절을 유지하고 살아가기 위해 썼던 많은 방편들이 아직까지도 습이 되어 내려오고 있습니다.

I don't distinguish between religions, but people behave as if they were different things. The Lord is within you. Religions may have different names, but their foundation is the same. Jesus said, "Believe in me and follow me," but he wasn't telling people to believe in and follow his flesh. Originally he taught that each person should believe in their own, inner true master. But I guess there may have been an editing problem.

Of course, Buddhism isn't exempt from these kinds of problems. Even though the *Tripitaka* [21] is filled with the truth taught by the Buddha – that you have to search within yourself – many people misunderstand the meaning of the teachings and seek outside of themselves, or practice solely for the sake of obtaining worldly benefits. These kinds of problems have plagued every religion.

Even temples have encouraged this kind of behavior. For example, when the early Joseon dynasty began to persecute Buddhism (around 1400 C.E.), many monks and nuns were forced into the deep mountains. In order to survive, they

---

21. Tripitaka: The canon of Buddhist scriptures.

지금은 시대가 시대이니만큼 개선해야 될 텐데도 불구하고 지금 그대로 하고 있습니다. 그러니까 모두 다를 바가 없어요.

질문자 8(남)　어떤 사람들이 말하길 구원이 절대자, 신에 의해서 이루어진다고 하는데 스님께서 말씀하시는 거는, 주인공이 구원해 준다는 것 아닙니까?

그런데 제가 여쭙고 싶은 것은 인과와 **업(業)**[24]에 대한 것입니다. 지금까지 스님께 질문하는 분들 얘기를 들어 보면 많은 고통들을 받고 계시는 것 같은데, 그럼 과연 인간의 출생 자체가 축복인가 하는 의문이 듭니다. 제가 알기로는 많은 업적을 쌓은 존재들이 인간으로 선택받아 태어난다고 합니다. 그렇기 때문에 인간이 동물보다 더 나은 존재라고 알고 있습니다. 그렇지만 제가 볼 때는 인간이 동물보다 더 못한 경우가 많은 것 같습니다. 동물들은 욕심 때문에 필요 이상으로 쌓아 두기 위해서 살생하지는 않거든요.

---

24. **업(業)**: 몸과 입과 뜻으로 짓는 일체의 행위.

sold prayer services, offered fortune telling, and sold all kinds of talismans to block evil influences.

Even today some temples are still doing these things. These kinds of things tend to direct people's attention outward, away from their inner foundation. These practices should have changed as the era developed, but they are still carried on in many places.

Questioner 8 (male)   Some people say that salvation occurs through the power of a supreme being, but are you teaching that salvation is done by each person's inner, true self?

Also, I have a question about cause and effect, and karma. Hearing so many people talk about their suffering, I keep wondering if it is, indeed, a blessing to be born as a human being.

I understand that in order to be born as a human being one has to accumulate a lot of virtue. I think this is why it's said that humans are higher life forms than animals. But actually, in some aspects it seems like animals behave better than a lot of people do. Animals don't kill to greedily accumulate more than they need.

또 제가 알기로는 이생에서의 삶은 전생에 어떻게 살았느냐에 따라 주어진 거라고 합니다. 그래서 사람들은 가난으로 고통받는 이들을 보면 불쌍히 여기면서도 과거의 업보 때문에 그런 고통을 받는다고 생각합니다.

하지만 가만히 보면 우리 사회에서 권력과 부를 가진 사람들이 사회에 더 많은 해악을 끼치며 사는 경우가 많은 것 같습니다. 물론 그렇지 않은 소수의, 부를 축적하면서도 정당하게 살아가는 사람도 있기는 합니다. 그런데 그런 사람들이 이번 생에 저지른 해악 때문에 다음 생에 다시 태어나 고통을 받게 될 텐데 이런 윤회는 결국 끝없는 악순환이 되는 것 아닙니까? 그러니 인간으로 태어난 것이 과연 축복이라고 할 수 있겠습니까?

제가 볼 때는 스님들은 불행한 사람들입니다. 저희들은 먹고 싶을 때 먹고, 자고 싶을 때 자는데 스님들은 고행을 하셔야 되지 않습니까? 하여간 인간의 삶이 끝없는 악순환의 연속이라고 생각되는데 거기에 관해서 설명을 좀 해 주십시오.

Also it's said that the suffering someone experiences in this life is the result of what they did in their previous life. It seems to me that although rich and powerful people must have accumulated a lot of good karma to be able to live so well, they seem to just waste it by doing so many bad things.

This seems like such a meaningless cycle: to accumulate good karma, only to fall back into painful rebirths, and then go through this cycle over and over. I know that some rich people live upright lives, but in general it seems that those who have the most are the ones who behave the worst. Anyway, people say that being reborn as a human being is a blessing, but is it really? That seems hard to believe.

Also, from layperson's point of view, sunims could be considered unfortunate, [audience laughs] because we laypeople can eat and sleep when we want to, but sunims have to live austerely, in most cases without much sleep.

큰스님 우리가 똥 누고 밑 안 씻고 일어나면은 거북하죠? 저분이 지금 똥 누고 밑 씻고 일어나듯이 깨끗하게 정리를 해 주시는 것 같습니다. 그런데요, 첫째, 어떤 특정 종교를 믿는다고 구원을 받게 되는 것이 아닙니다.

둘째, 어느 종교를 믿든지 간에 우리는 자기 뿌리를 (가슴을 짚어 보이시며) 주인으로 알고 믿어야 된다는 말이죠. 바깥으로 '주여! 하나님이여! 부처님이여!' 하며 찾지 말고, 이 모두가 자기 주처에 있다는 것을 믿는다면 자기가 자기로부터 구원을 받는 겁니다.

자기가 자기를 구원하는 거지 누가 구원을 해 주는 게 아니죠. 구원을 받는 게 아니라 자기가 들어서 구원을 하고 자기 몸을 구원받게 하는 겁니다.

모든 생명들의 집합소인 이 몸은 시자나 종과 같아서 여러분의 주인인 근본이 그 생명들을 다스리는 거거든요. 그러니 사실, 누가 자기 몸을 구원해 주고 말고가 없어요. 자기가 지은 대로 구원을 받고 못 받고 하는 겁니다.

Kun Sunim   Your question nicely sums up what we've been discussing today. First of all, just believing in a certain religion doesn't guarantee that you'll be saved.

Second, no matter your religion, you must know that your root, [pointing to her chest] your own true master, and so place your faith there. If you believe that everything is being done by your true root, without looking for God or Buddha outside of yourself, then you will be saved by yourself.

It's you who saves yourself. Salvation doesn't come from somewhere else. You are the one who makes your salvation and you are the one who saves your body. It's the master within your foundation that's taking care of this collection of lives called a body.

Because your foundation guides and directs the lives that make up the body, we often call the body a servant or an attendant. Your own root is the master, so what else is there that could give salvation or take it away? You are the one who causes yourself to be saved and you are also the one who can cause yourself to not be saved.

그리고 스님이 더 불쌍한 사람이라고 그랬는데, 그러나 그건 다 생각하기에 따라 다른 거죠. 한 시간을 자도 하루를 잤다고 생각을 할 수 있거든요. 그러니까 불쌍한 게 하나도 없죠. 허허허. 그런데 바깥에서 볼 때는 '아휴, 저 사람은 한 시간밖에 못 잤어. 참 안됐어.' 이러거든요. 이렇게 생각하는 차이가 있을 뿐입니다.

그리고 윤회의 악순환이 그냥 거듭거듭 된다고 그러셨는데, 사실 윤회란 그렇게 불합리한 악순환이 아닙니다.

일부분만을 보고 짐승들이 사람들보다 낫다든가, 더 잘 입고 잘사는 사람이 죄를 더 많이 짓는 것 같다는 것도 또한 추측을 하며 결론지어 얘기할 필요가 없습니다. 각자 자기가 한 일들이 이 자동적인 컴퓨터에 잘했으면 잘한 대로 못했으면 못한 대로 다 입력이 돼서 돌아가니까요.

Did you say that sunims seemed more unfortunate than the laypeople? That's a limited view of things. One hour of sleep can be just as restful as a full night's sleep if you entrust the thought that it should be so. Therefore, you don't have to feel bad for them. [Kun Sunim laughs.] But others feel sorry when they realize that sunims sleep less than they do. However, all of this depends upon how you think about it.

You also said that the cycle of birth and death seems like an endless cycle of suffering? Actually, it's not such an illogical, vicious cycle.

Did you also say that animals seem to behave better than humans, and that rich people seem to do many more bad things than ordinary people? However, you're only seeing a part of things. If you saw the whole picture, you wouldn't make those kinds of assumptions. Everything that someone has done in the past is perfectly recorded within their foundation, and will return to them in due course.

There's no one else who judges your behavior and determines whether you will be punished or rewarded. Everything you've done is recorded within you, so the results arise from within you. If

제삼자가 판결을 해 주는 게 아니라, 자기 컴퓨터에 다 입력이 돼 가지고 그 입력에 의해서 바로 결과가 주어지는 겁니다. 내가 잘살았으면 잘산 대로, 못살았으면 못산 대로의 삶이 주어지겠죠. 만약 거지를 발길로 차고 업신여겼다면 어느 시점에 내가 그 사람한테 빌어야 하는 그런 입장이 될 겁니다.

그러니까 부처님께서 악과 선과 같은 양면을 다 버리라고 가르치신 겁니다. 사실 선행이라는 것만 보더라도 선행이 선행이랄 게 없거든요. 예를 들어, 남을 도와주는 것을 선행이라고 하지만 남을 돕게 되면 얻는 게 있고, 얻게 되면 또 주게 되니까요. 그래서 양면을 다 놓으라고 하신 겁니다. 그래야 이 물주머니에서 벗어난다 이겁니다.

여러분에게 이 공부를 하시라고 강요하는 게 아닙니다. 그러나 이 공부를 하시라고 내가 강조하게 되는 이유는 여러분들 스스로가 이 공부를 하지 않으면 윤회에서 벗어날 수 없기 때문입니다. 여러분이 고통을 받으면 제가 괴롭거든요. 이 뜻을 아시겠습니까?

you have lived a good life, good things will return to you; if you once kicked a beggar or treated him with contempt, you will undergo the same bitterness that you make him suffer.

Thus, to help us escape this continuous cycle, the Buddha taught us to free ourselves from both sides of all dualities such as good and evil.

For example, when people help someone else, they often think that they've done something good. However, if you help someone, you will receive something, and if you receive something, you will have to give something. This happens automatically. As long as you cling to ideas such as giving or receiving, gaining or losing, it will lead to a long chain of discriminations, such as "like," "dislike," "gained," "lost," and so on. You have to let go of all of these discriminating thoughts. Only then will it be possible for you to transcend this middle realm.

Listen, I'm not trying to force anyone to do this; it isn't something that I could force you to do even if I wanted to. The reason I keep telling you about spiritual practice and relying upon your fundamental mind is because this is what you have

모든 종자 종류가 차원대로 천차만별로 그냥 이렇게 퍼져요. 아마 우리 지구에만 이렇게 생명들이 퍼지는 게 아니라, 딴 혹성에도 그렇게 퍼지고 있는지도 모르죠. 이렇게 말해야 또 흥미가 나겠죠? 하하하. (대중 웃음)

우리가 살면서 나 하나 알고 가기도 힘이 드는데 샛눈 뜨고 딴 거 볼 사이가 어딨습니까? 그런데 나를 보고 나를 믿으면, 거기에서 모든 것을 다스리고 나가는 힘을 얻게 되고, 더 나아가 그 힘을 가지고 우주 천하도 굴릴 수 있게끔 발전을 해 나아가야 하는데 샛눈 뜰 새가 있습니까? 모두가 둘이 아닌 이 도리를 알면 한눈팔 것도 없고 한눈 둘 것도 없습니다. 그러니까 다른 사람이 잘하고 잘못하는 거를 눈여겨볼 생각은 하지 마세요.

to do in order to free yourself from the cycle of birth and death. When you suffer, I hurt as well. Do you understand what this means?

Every kind of life gathers and lives together with others according to its level of awareness, and according to the time and place that best suits its development. All beings live like this; even on other planets, they're living like this [Laughs as the audience suddenly perks up.] It's more interesting when I talk about things like this, isn't it! [Everyone laughs.]

As you go through your life, it takes a lot of effort to become aware of your true self, so do you really have time to judge and criticize other people's behavior? If you know and believe in your true self, you will obtain the ability to take care of everything that confronts you. Moreover, you have to continue to develop what you discover, until you are able to take care of everything in the entire universe. So how could you have time to worry about what others are doing? When you understand that nothing is separate from you, there is no need to worry about or chase after outer things. So don't worry about what other people may be doing.

신도들도 중들이 얼마나 잘하나 샛눈을 뜨고 보는가 하면, 스님네들도 어떤 분들은 신도들을 볼 때 '아! 요거는 죄가 있겠구나. 요건 죄가 없겠구나!' 하고 눈을 살피거든요. 그렇게 하지 마십시오. 무조건입니다.

죄가 크든 죄가 작든 간에 그 사람이 죄를 지은 게 아니라 모르는 것이 죄입니다. 그러니까 무조건이지 어디 거기에서 더하고 덜하고 이런 게 있겠습니까? 불상은 크나 작으나 똑같습니다. 부자로 살면서도 아주 측은하고 불쌍한 사람이 얼마나 많게요! 아까 말씀하신 거와 같이, 그렇게 사는 것이 또 얼마나 길게 갈까요?

또 보시에 대해서 한번 말해 볼까요? 만약 여러분이 십만 원을 가져왔다고 칩시다. 그럼 여러분은 얼마를 가져왔고, 누구에게 줬다는 걸 알고 있지 않습니까? 나 또한 그 돈을 아무개가 가져왔다는 걸 알고 있습니다. 알죠? 그렇게 알고 있는 마음은 바로 어디로 빠져나가는 게 아니라 근본에 입력이 돼요.

However, sometimes there are laypeople who constantly examine how well sunims are doing, and there are even some sunims who make a lot of discriminations about the spiritual level of individual laypeople. But don't do that. It has to be unconditional! You have to let go of both sides unconditionally.

Whether someone's wrongdoings are serious or not, they were done because of ignorance. So let go of all your preconceptions about their wrongdoings. When you let go, it has to be completely unconditional. Otherwise, it's not letting go. Even among those you think of as rich, there are so many miserable and pitiful people. You complained about rich people doing many bad things, but sooner or later they will have to experience the consequences of their actions.

The same principle applies to giving. Suppose you gave a hundred dollars to the temple. You'd know how much you gave, right? Likewise, if someone gives me a hundred dollars, I know who gave it to me and how much it is, don't I? The awareness of those facts doesn't disappear; it is all automatically recorded within your foundation.

그러니까 누구를 갖다줬다, 누구를 도와줬다 이런 생각은 하지 마세요. 그리고 나도 또 '내가 이런 거를 이렇게 선처를 베풀어서 그 사람이 좋아졌다.' 하는 이런 생각은 안 합니다. 내가 한 게 아닙니다. 모든 것이 자연스럽게 돌아가는 겁니다.

그런데 스님들이 남이 가져온 돈을 아무렇게나 쓴다거나, 자기가 뼛골 들여서 벌지 않았다고 해서 아무렇게나 그냥 사치스럽게 살고, 돈을 쌓아 두고는 뭐, 개인적으로 땅을 산다거나 하면서 부를 축적한다면, 그거는 근본에 다 입력이 되어, 오히려 그 어떤 속인보다도 못한 삶을 살게 되죠.

모든 것들은 한 치의 거짓도 없이 기록이 되어 어느 누구도 빠져나갈 수 없습니다. 그러니까 그렇게 거짓으로 사는 사람들은 허탕 사는 거죠. 자기가 뭐가 될지도 모르고, 자기가 어떻게 사는지도 모르고, 어떤 게 진정인지 어떤 게 진실인지 그것도 모르고 사는 사람들입니다.

그런데 마음공부를 많이 하신 스님네들은 자유스러운 게 있죠. 설사 여러분이 그런 수행하는 스님들이 안됐다는 생각에 돈을 주었다 하더라도 스님들은

So don't get caught up in thoughts such as "I donated some money," or "I helped someone." I also never think, "His situation improved because of my help." It's not "me" that does those things. It all happens naturally when we rely upon our true nature.

However, if sunims spend offerings wastefully, if they treat those offerings casually because they didn't have to earn them through their own sweat and toil, or if they gather large sums of money, and live in luxury, or buy land and houses, and so on – all these behaviors will be input into their foundation. These kinds of sunims are worse than worldly people.

Every single behavior is recorded within our foundation. Nobody can escape from this. Everything is recorded exactly as it is. Thus, a life built on deceit will come to nothing. Such people have no idea of the harmful seeds they're planting, nor do they even realize that truth and sincerity are completely missing from their lives.

However, those sunims who have diligently practiced relying upon their fundamental mind live freely, without clinging to anything. If someone feels sorry for those sunims and give them some

받은 사이도 없고 쓴 사이도 없어요. 왜냐하면 그런 스님들은 받았으되 받았다는 생각에 머무르지 않고 누군가에게 무엇을 주었다 하더라도 줬다는 생각에 머무르지 않기 때문입니다.

만일 친척이든 친구든 아주 급하게 되어 여러분에게 돈 백만 원이든 십만 원이든 꿔 달라고 그냥 목을 맬 때가 있다면, 그런 때에는 돈이 있으면 그냥 줘요.

그 사람이 잘되면 받고 만약 잘못되어 못 받는 경우가 생기더라도 아예 받으려는 생각하지 말고 아주 그냥 주란 말입니다. 그렇지 않고 이거를 나중에 받으려고 하고 준다거나, 더욱이 이자에 이자까지 받으려고 했다가 나중에 그 돈 못 받게 되면 의리 끊어지고 화병 나서 죽게 돼요. 그리고 세세생생 힘들게 구르다가 지혜롭지 못한 한 생각에 그 영향이 자식들에게까지 미치게 됩니다.

오늘은 이만하도록 하죠. 감사합니다.

money, although the sunims receive the offering, there is no moment of receiving or using it. Why? It's because even though those sunims receive something, they don't dwell on any thoughts of having received something, and even though they give something, they don't dwell on any thoughts of having given something.

Laypeople, too, should live without clinging. For example, if a friend or relative is in a desperate situation and begs you to lend them some money, if you actually have the money, just give it to them unconditionally.

Just give them the money without worrying about whether they will pay you back. Why? Because, if you give the money with the expectation of being paid back, then later if you can't collect the money, your friendship may fall apart and in the end you may become sick or even die. Some people even try to profit from their friend's or relative's hardships by charging them high interest rates. Unwise thoughts like these cause people to suffer life after life, and their children also suffer because of this lack of wisdom. So from the very beginning, give it unconditionally.

Let's stop here for today. Thank you.

일체 제불의 마음

일체 제불의 마음은 내 한마음이다.

일체 제불의 법이
내 한마음의 법이며 생활이다.

일체 제불의 몸은 일체 중생의 몸이다.

일체 제불의 자비와 사랑은
일체 중생의 자비와 사랑이다.

선행 하는 것도 악행 하는 것도
다 내 한마음에 있다.

The Mind of All Buddhas

The mind of all Buddhas is my one mind.

The wisdom of all Buddhas is
the wisdom of my one mind and daily life.

The body of every Buddha is
the body of every sentient being.

The love and compassion of all Buddhas is
the love and compassion of all sentient beings.

Doing good or doing bad,
all depend upon how I use my mind.

한마음출판사의 마음을 밝혀 주는 도서

- A Thousand Hands Of Compassion
  만가지 꽃이 피고 만가지 열매 익어
  : 대행큰스님의 뜻으로 푼 천수경 (한글/영어)
  [2010 iF Communication Design Award 수상]

- Wake Up And Laugh (영어)

- No River To Cross, No Raft To Find (영어)

- Like Lions, Learning To Roar (영어) (forthcoming)

- Standing Again (영어)

- It's Hard To Say (영어) (절판)

- My Heart Is A Golden Buddha (영어, 오디오북)

- One Mind: Principles (영어)

- Touching The Earth (영어)

- Sharing The Same Heart (영어)

- 생활 속의 참선수행 (시리즈) (한글/영어)

  1. 죽어야 나를 보리라
     (To Discover Your True Self, "I" Must Die)

  2. 함이 없이 하는 도리 (Walking Without A Trace)

  3. 맡겨놓고 지켜봐라 (Let Go And Observe)

  4. 마음은 보이지 않는 행복의 창고
     (Mind, Treasure House Of Happiness)

  5. 일체를 용광로에 넣어라
     (The Furnace Within Yourself)

  6. 온 우주를 살리는 마음의 불씨
     (The Spark That Can Save The Universe)

  7. 한마음의 위력
     (The Infinite Power Of One Mind)

  8. 일체를 움직이는 그 자리
     (In The Heart Of A Moment)

해외출판사에서 출판된 한마음도서

- Wake Up And Laugh
  Wisdom Publications, 미국

- No River To Cross
  (*No River To Cross, No Raft To Find* 영어판)
  Wisdom Publications, 미국

- Wie Flieβendes Wasser
  (*My Heart Is A Golden Buddha* 독일어판)
  Goldmann Arkana-Random House, 독일

- Wie Flieβendes Wasser - CD
  (*My Heart Is A Golden Buddha* 독일어판 오디오북)
  steinbach sprechende bücher

- Ningún Río Que Cruzar
  (*No River To Cross* 스페인어판)
  Kailas Editorial, S.L., 스페인

- Umarmt Von Mitgefühl
  ('만가지 꽃이 피고 만가지 열매 익어':
  대행큰스님의 뜻으로 푼 천수경 독일어판)
  Diederichs-Random House, 독일

- 我心是金佛
  (*My Heart Is A Golden Buddha* 번체자 중국어판)
  橡樹林文化出版, 대만

- Vertraue Und Lass Alles Los
  (*No River To Cross* 독일어판)
  Goldmann Arkana-Random House, 독일

- Wache Auf Und Lache
  (*Wake Up And Laugh* 독일어판)
  Theseus, 독일

- Дзэн И Просветление
  (No River To Cross 러시아어판)
  Amrita-Rus, 러시아

- Sup Cacing Tanah
  (*My Heart Is A Golden Buddha* 인도네시아어판)
  PT Gramedia, 인도네시아

- Không có sông nào để vượt qua
  (*No River To Cross* 베트남어판)
  Vien Chieu, 베트남

- Probuď se!
  (*Wake Up And Laugh* 체코어판)
  (Eugenika, 체코)

- tỉnh thức và cười
  (*Wake Up And Laugh* 베트남어판)
  Vien Chieu, 베트남

- Chạm mặt đất
  (*Touching the Earth* 베트남어판)
  Vien Chieu, 베트남

Other Books by Seon Master Daehaeng

English
- Wake Up And Laugh (Wisdom Publications)
- No River To Cross (Wisdom Publications)
- My Heart Is A Golden Buddha (Hanmaum Publications)
  Also available as an audiobook
- Like Lions Learning To Roar (Hanmaum Publications, 2019)
- Standing Again (Hanmaum Publications)
- Sharing the Same Heart (Hanmaum Publications)
- Touching the Earth (Hanmaum Publications)
- A Thousand Hands Of Compassion
  (Hanmaum Publications) [Korean/English]
- One Mind: Principles (Hanmaum Publications)
  All of these are available in paper or ebook formats

- Practice in Daily Life (Korean/English bilingual series)
  1. To Discover Your True Self, "I" Must Die
  2. Walking Without A Trace
  3. Let Go And Observe
  4. Mind, Treasure House Of Happiness
  5. The Furnace Within Yourself
  6. The Spark That Can Save The Universe
  7. The Infinite Power Of One Mind
  8. In The Heart of A Moment
  9. One With The Universe
  10. Protecting The Earth
  11. Inherent Connections
  12. Finding A Way Forward
  13. Faith In Action
  14. The Healing Power Of Our Inner Light
  15. The Doctor Is In
  16. Turning Dirt Into Gold
  17. Dancing On The Whirlwind

Korean
- 건널 강이 어디 있으랴 (Hanmaum Publications)
- 내 마음은 금부처 (Hanmaum Publications)
- 처음 시작하는 마음공부1 (Hanmaum Publications)

Russian
- Дзэн И Просветление (Amrita-Rus)

German
- Wache Auf und Lache (Theseus)
- Umarmt von Mitgefühl (Deutsch·Koreanisch, Diederichs)
- Wie fließendes Wasser (Goldmann)
- Wie fließendes Wasser - CD (steinbach sprechende bücher)
- Vertraue und lass alles los (Goldmann)
- Grundlagen (Hanmaum Publications)

Czech
- Probuď se! (Eugenika)

Spanish
- Ningún Río Que Cruzar (Kailas Editorial)
- Una Semilla Inherente Alimenta El Universo
  (Hanmaum Publications)
- Si Te Lo Propones, No Hay Imposibles
  (Hanmaum Publications)
- El Camino Interior (Hanmaum Publications)
- Vida De La Maestra Seon Daehaeng
  (Hanmaum Publications)
- Enseñanzas De La Maestra Daehaeng
  (Hanmaum Publications)

Indonesian
- Sup Cacing Tanah (PT Gramedia)

Vietnamese
- Không có sông nào để vượt qua
  (Hanmaum Publications; Vien Chieu, Vietnam)
- tỉnh thức và cưới
  (Hanmaum Publications; Vien Chieu, Vietnam)
- Chạm mặt đất
  (Hanmaum Publications; Vien Chieu, Vietnam)

Chinese
- 我心是金佛（简体字）(Hanmaum Publications, 韩国)
- 无河可渡（简体字）(Hanmaum Publications, 韩国)
- 人生不是苦海（繁体字）(Hanmaum Publications, 韩国)
- 我心是金佛（繁体字）（橡树林文化出版，台湾）

한마음선원본원

경기도 안양시 만안구 경수대로 1282 (석수동, 한마음선원)
(우) 13908

Tel : 82-31-470-3100   Fax : 82-31-470-3116
홈페이지 : http://www.hanmaum.org
이메일 : jongmuso@hanmaum.org

국내지원

강릉지원 (우)25565 강원도 강릉시 하평5길 29 (포남동)
　　　　　 TEL:(033) 651-3003   FAX:(033) 652-0281

공주지원 (우)32522 충청남도 공주시 사곡면 위안양골길 157-61
　　　　　 TEL:(041) 852-9100   FAX:(041) 852-9105

광명선원 (우)27638 충청북도 음성군 금왕읍 대금로 1402
　　　　　 TEL:(043) 877-5000   FAX:(043) 877-2900

광주지원 (우)61965 광주광역시 서구 운천로 204번길 23-1 (치평동)
　　　　　 TEL:(062) 373-8801   FAX:(062) 373-0174

대구지원 (우)42152 대구광역시 수성구 수성로 41길 76 (중동)
　　　　　 TEL:(053) 767-3100   FAX:(053) 765-1600

목포지원 (우)58696 전라남도 목포시 백년대로 266번길 31-1 (상동)
　　　　　 TEL:(061) 284-1771   FAX:(061) 284-1770

문경지원 (우)36937 경상북도 문경시 산양면 봉서1길 10
　　　　　 TEL:(054) 555-8871   FAX:(054) 556-1989

부산지원 (우)49113 부산광역시 영도구 함지로 79번길 23-26 (동삼동)
　　　　　 TEL:(051) 403-7077   FAX:(051) 403-1077

울산지원 (우)44200 울산광역시 북구 달래골길 26-12 (천곡동)
　　　　　 TEL:(052) 295-2335   FAX:(052) 295-2336

제주지원 (우)63308 제주특별자치도 제주시 황사평6길 176-1 (영평동)
TEL:(064) 727-3100   FAX:(064) 727-0302

중부경남 (우)50871 경상남도 김해시 진영읍 하계로35
TEL:(055) 345-9900   FAX:(055) 346-2179

진주지원 (우)52602 경상남도 진주시 미천면 오방로 528-40
TEL:(055) 746-8163   FAX:(055) 746-7825

청주지원 (우)28540 충청북도 청주시 청원구 교서로 109
TEL:(043) 259-5599   FAX:(043) 255-5599

통영지원 (우)53021 경상남도 통영시 광도면 조암길 45-230
TEL:(055) 643-0643   FAX:(055) 643-0642

포항지원 (우)37635 경상북도 포항시 북구 우창로 59 (우현동)
TEL:(054) 232-3163   FAX:(054) 241-3503

Anyang Headquarters of Hanmaum Seonwon

1282 Gyeongsu-daero, Manan-gu, Anyang-si,
Gyeonggi-do, 13908, Republic of Korea
Tel: (82-31) 470-3175 / Fax: (82-31) 470-3209
www.hanmaum.org/eng
onemind@hanmaum.org

Overseas Branches of Hanmaum Seonwon

ARGENTINA
Buenos Aires
Miró 1575, CABA, C1406CVE, Rep. Argentina
Tel: (54-11) 4921-9286 / Fax: (54-11) 4921-9286
http://hanmaumbsas.org

Tucumán
Av. Aconquija 5250, El Corte, Yerba Buena,
Tucumán, T4107CHN, Rep. Argentina
Tel: (54-381) 425-1400
www.hanmaumtuc.org

CANADA
Toronto
20 Mobile Dr., North York, Ontario M4A 1H9, Canada
Tel: (1-416) 750-7943
www.hanmaum.org/toronto

GERMANY
Kaarst
Broicherdorf Str. 102, 41564 Kaarst, Germany
Tel: (49-2131) 969551 / Fax: (49-2131) 969552
www.hanmaum-zen.de

THAILAND
Bangkok
86/1 Soi 4 Ekamai Sukhumvit 63
Bangkok, Thailand
Tel: (66-2) 391-0091
www.hanmaum.org/cafe/thaihanmaum

USA
Chicago
7852 N. Lincoln Ave., Skokie, IL 60077, USA
Tel: (1-847) 674-0811
www.hanmaum.org/chicago

Los Angeles
1905 S. Victoria Ave., L.A., CA 90016, USA
Tel: (1-323) 766-1316
www.hanmaum.org/la

New York
144-39, 32 Ave., Flushing, NY 11354, USA
Tel: (1-718) 460-2019 / Fax: (1-718) 939-3974
www.juingong.org

Washington D.C.
7807 Trammel Rd., Annandale, VA 22003, USA
Tel: (1-703) 560-5166
www.hanmaum.org/wa

책에 관한 문의나 주문을 하실 분들은
아래의 연락처로 문의해 주십시오.

한마음국제문화원/한마음출판사
경기도 안양시 만안구 경수대로 1282 ㈜13908
전화: (82-31) 470-3175
팩스: (82-31) 470-3209
e-mail: onemind@hanmaum.org
hanmaumbooks.org

If you would like more information about these books or
would like to order copies of them,
please call or write to:

**Hanmaum International Culture Institute
Hanmaum Publications**
1282 Gyeongsu-daero, Manan-gu, Anyang-si,
Gyeonggi-do, 13908,
Republic of Korea
Tel: (82-31) 470-3175
Fax: (82-31) 470-3209
e-mail: onemind@hanmaum.org
hanmaumbooks.org